Guy Laliberté
La vie fabuleuse du créateur
du Cirque du Soleil

Ian Halperin

Guy Laliberté
La vie fabuleuse du créateur du Cirque du Soleil

Biographie

Transit

Du même auteur

Livre déjà paru en français :
Top-modèles, Les coulisses de la gloire : L'enquête

Livres déjà parus en anglais :
Who Killed Kurt Cobain ?
Love & Death: The Murder of Kurt Cobain
Fire and Rain: The James Taylor Story
Shut up and Smile
Beautiful and Bad Inside the World of Supermodels
Best CEOs, How the Wild, Wild Web Was Won
Céline Dion: Behind the Fairytale
Miss Supermodel America
Michael Jackson : Les dernières années

À paraître chez Transit
Brangelina : Angelina Jolie & Brad Pitt
La Scientologie : La religion des stars ?

Transit Éditeur Inc.
6465, Durocher, suite 307
Montréal (Québec)
H2V 3Z1
Téléphone : (514) 907-1613
Télécopie : 1 (866) 258-7772

Traduction : Étienne Charbonneau
Correction et révision: Nicolas Fréret, Gervaise Delmas
Conception et mise en page: Jonathan Stone, Nassim Bahloul
Maquette de la couverture: François Turgeon
Enluminure: Gratia Ionescu
Photo de la couverture :Kike Calvo/KPA-ZUMA/KEYSTONE Press.
(©) Copyright 2006
Michel Ponomareff / Ponopresse / International / Gamma / Eyedea Presse.

DISTRIBUTEUR EXCLUSIF
POUR LE QUÉBEC ET LE CANADA
Agence du Livre (ADL)
5730 Sherbrooke est
Montréal (Québec)
H1N 1A5
Téléphone : +1 514-525-4442
Télécopieur : +1 514-525-4443

Pour en savoir plus sur nos publications,
visitez notre site www.transitediteur.com

À tous ceux qui ont déjà joué dans la rue et qui pensaient qu'il n'était pas possible d'aller plus loin dans la vie...

Remerciements

En premier lieu, je remercie l'éditeur et auteur de talent Pierre Turgeon pour avoir cru en ce livre. Je connais Pierre depuis plus de dix ans et j'ai toujours trouvé qu'il est un grand visionnaire, un professionnel accompli et un être humain de première classe. Ce livre n'aurait pas pu être entrepris sans son concours.

Je voudrais également remercier la remarquable équipe de Transit Médias, y compris le fils incroyablement doué de Pierre, François, et les responsables de la révision Gervaise Delmas et Nicolas Fréret.

Ce livre a également été rendu possible grâce à celles et ceux qui ont accepté de me révéler des informations qu'ils n'avaient jamais divulguées auparavant. Je leur suis reconnaissant pour leur confiance. Merci aux personnes qui ont osé parler en leur nom propre sans en craindre les répercussions. Dans ce livre, j'ai toutefois changé l'identité de plusieurs sources qui entretiennent toujours des liens étroits avec Guy Laliberté et le Cirque du Soleil et qui souhaitent garder l'anonymat.

Avant-Propos

La première fois que j'ai rencontré Guy Laliberté, j'ai constaté à ma grande surprise que nous avions beaucoup de choses en commun. Nous avions tous les deux fait nos débuts dans la rue en jouant de la musique. Nous avions tous les deux appris à interpeller les passants comme si notre vie en dépendait, et ce fut souvent le cas. Nous avions tous les deux compris très tôt la nature humaine, ce qui nous a permis de nous épanouir dans la rue et, plus tard, d'exceller dans nos domaines de prédilection, la réussite de Guy se justifiant toutefois par quelques zéros de plus que moi sur son compte bancaire. Nous avions tous les deux un appétit insatiable pour les plaisirs de la vie mais aussi une soif de justice sociale, ce qui n'est absolument pas incompatible.

Par la suite, nos chemins se sont indirectement recroisés alors que je me trouvais dans le camp adverse et je n'ai pu m'empêcher de me sentir mal à l'aise. Guy Laliberté était, selon moi, un homme qui suivait inéluctablement sa destinée. Qui étais-je pour interférer ? En même temps, je devais assumer une étroite mais platonique amitié avec celle contre qui il était officiellement en guerre. Cela m'a forcé à me regarder dans la glace et à faire le point sur ce que j'estimais être mes valeurs fondamentales et sur la nature de ma loyauté afin de pouvoir choisir mon camp en mon âme et conscience.

Nos enfants avaient joué ensemble pendant des années et, à la réflexion, je nous trouvais un nouveau point commun. Nous leur avions tous les deux inculqué la notion de bien et de mal. Or, quel message passerais-je à ma fille si je ne me battais pas pour ce que j'estime être juste ? Presque toutes les choses terribles qui se produisent dans notre société peuvent être attribuées à l'appât du gain, à la quête de l'argent. Pour moi, le temps était venu de dire « stop ! ».

Même si je déplore les dégâts causés à la sincère amitié que j'entretenais avec cette femme, je ne regrette en aucun cas ma décision de me ranger du côté de Guy Laliberté, un homme qui, durant toutes les années de ses douloureux conflits a manifesté cette étonnante force de caractère qui fait de lui l'une des célébrités les plus fascinantes et les plus énigmatiques de la société québécoise et canadienne.

Lorsque j'ai décidé de raconter son histoire, tout en essayant de comprendre comment nos vies avaient fini par se croiser, je me suis rendu compte que, finalement, peu de gens connaissent les détails de la vie fabuleuse du créateur du Cirque du Soleil.

Ian Halperin, Mai 2009

« *Le divertissement pur, ce n'est pas une femme narcissique qui chante des chansons ennuyeuses sur scène pendant deux heures et des gens en smoking qui applaudissent, qu'ils aiment ou non. Ce sont les vrais amuseurs publics qui sont capables de retenir l'attention des gens et de les empêcher de passer leur chemin.* »

- Andy Kaufman

PROLOGUE

Mars 2008 – Il était presque 3h du matin. Manhattan bourdonnait encore et toujours. Je venais tout juste d'assister à une entrevue d'Andrew Morton, l'auteur à succès en tête du classement des ventes de livres du *New York Times*, à l'émission *The Joey Reynolds Radio Show* diffusée sur WOR Radio. Morton, vous vous en souviendrez peut-être, est celui à qui la princesse Diana avait confié ses secrets les plus intimes. C'est encore lui qui avait été engagé pour écrire les mémoires de Monica Lewinsky après sa fameuse aventure avec le président Clinton. Son dernier ouvrage, une biographie de l'acteur Tom Cruise, membre assumé de l'Église de Scientologie, était en tête des ventes depuis sa sortie en librairie. Morton était donc d'humeur joviale ce soir-là. Je le suivais et le filmais pour un site Web multimédia que nous tentions de faire décoller.

J'avais rencontré Andrew quelques semaines auparavant, à l'avant-première de mon film *His Highness Hollywood* au National Arts Clubs de New York. Il s'agit d'un documentaire dans lequel j'infiltre clandestinement Hollywood en me faisant passer pour un acteur gay. Morton l'avait baptisé « Borat… mais avec de la substance ». J'en avais été très flatté. Je l'avais contacté par la suite pour lui proposer de lancer en commun un site Web sur nos investigations. L'idée lui avait plu. Nous nous sommes donc réunis tous les jours dans la suite qu'il louait dans un hôtel du Midtown pour travailler sur le projet à présenter aux investisseurs potentiels.

Dans le taxi qui nous ramenait du centre-ville de NYC où l'émission de Reynolds avait été enregistrée, Morton nous a appris, à mon assistante Alison et à moi, qu'il cherchait un sujet pour son prochain livre. « Je ne pense pas que j'écrirai sur Eliot Spitzer finalement – le gouverneur de New York qui avait été contraint de démissionner en raison de ses badinages avérés avec des prostituées. Peut-être que je ferais quelque chose sur Angelina et Brad. En tout cas, j'ai besoin de quelqu'un d'important, d'un sujet qui n'ait pas encore été traité… Vous n'avez pas une idée ? »

Bingo ! J'ai instantanément pensé à quelqu'un que je connaissais, quelqu'un devenu rien de moins que la personne la plus riche et la plus puissante du monde du spectacle. Et j'étais certain qu'aucune biographie n'avait été écrite sur lui. J'ai pris le temps de la réflexion avant de laisser échapper son nom de ma bouche.

« J'ai la personne qu'il te faut. Celle qui pourrait te faire vendre des millions d'exemplaires si c'est fait convenablement, ai-je affirmé.

– Est-ce qu'il y a déjà eu un livre publié à son sujet ? m'a demandé Morton.

– C'est sûr que non ! »

Morton m'a supplié à plusieurs reprises de mettre fin au suspens avant que je ne me décide à prononcer son nom : « Guy Laliberté ». Son visage était interrogateur, comme s'il n'avait pas compris ce que je lui disais. « Qui ça ? » s'est-il étonné. « Guy Laliberté ! ». Le regard tout aussi incrédule, Morton a insisté : « Qui c'est ce gars bon sang ? Je n'ai jamais entendu parler de lui… »

Avant la fin du trajet vers le Midtown, j'avais dessiné les contours de l'incroyable vie de Guy Laliberté. Morton a semblé fasciné, au point même d'être intéressé. Mais j'étais à peine rentré chez moi qu'il m'a appelé pour me demander pourquoi je ne l'écrivais pas moi-même ce livre sur Laliberté, si j'étais tellement certain que ça allait bien se vendre. Je lui ai tout simplement répondu que je n'y avais jamais pensé avant notre discussion. « C'est ton idée. Si tu souhaites la mener à bien, moi je te la laisse. Je pense d'ailleurs que tu es le mieux placé parce que tu connais tous les acteurs clés », a-t-il conclu avant de raccrocher. Inutile de préciser que j'ai suivi son conseil.

Février 2002 – La neige tombait en rafales, ce soir-là, et fouettait le visage sans pitié. Ça fait partie du charme de Montréal. Même si ce n'est pas très élégant d'avoir sans cesse le nez qui coule, j'avoue être un amoureux de la neige. J'étais ravi de m'apprêter à sortir.

Une Mercedes grise m'attendait en bas de mon appartement, dans le quartier populaire de Notre-Dame-de-Grâce, situé dans l'ouest de Montréal. Une grande et belle Brésilienne était au volant, des lunettes fumées devant les yeux. Elle venait me chercher pour une promenade au centre-ville. J'aime l'architecture de Montréal, mais aussi ses collines escarpées et son atmosphère intime. La charmante conductrice bégayait dans un anglais haché. Elle me rebattait les oreilles des magnifiques plages de son Brésil natal qui lui manquaient tant, tout particulièrement à cette période de l'année. Elle s'en donnait à cœur joie sur la culture québécoise qu'elle appelait la politique du « pôle Nord ». Tout y passait, elle critiquait les anglophones comme les francophones de la province. Elle ne semblait pas très heureuse de vivre au Canada. Elle a émis un court appel depuis son téléphone cellulaire. Elle aboyait en portugais, élevant le ton comme si elle était sur le point de frapper la personne qu'elle avait au bout du fil. « C'est mon tempérament latin, s'est-elle ensuite justifiée. Habituellement, je suis quelqu'un de très calme ». Je suis simplement resté là, abasourdi, cherchant une idée pour fuir cette timbrée.

Rizia – c'est le prénom de la charmante Brésilienne – a poursuivi sa route à bord de sa toute nouvelle Mercedes sport familiale, conduisant brusquement sur une chaussée glissante. Je lui ai demandé de ralentir mais elle semblait être résolue à affirmer son ego, préférant appuyer sur l'accélérateur en dépit des mauvaises conditions de circulation. Sa conduite me traumatisait. Elle roulait vite malgré la tempête de neige, écrasait le pied sur les freins jusqu'à déraper sur une dizaine de centimètres sur la glace. Je ne comprenais pas l'intérêt de gâcher une soirée en remplissant un constat d'accident.

Finalement, nous avons atteint notre destination. Rizia Moreira, dont j'avais fait la connaissance l'après-midi précédent, m'a entraîné dans un restaurant thaïlandais luxueux dans le quartier branché du Mile End à Montréal. Tout au long du repas, elle m'a donné l'impression d'être quelqu'un d'extrêmement populaire. Elle flattait mon ego en m'assurant ne pas avoir rencontré quelqu'un d'aussi intéressant et dynamique que moi depuis bien longtemps. C'était fort plaisant. Mais avec le recul, j'étais surtout naïf. Je n'avais pas encore compris qu'elle n'avait qu'une seule idée en tête : exploiter mes liens avec un puissant membre de ma famille pour l'aider dans ses histoires avec son ex-conjoint, Guy Laliberté. Elle m'a régalé pendant des heures d'histoires sur son passé et m'a confié combien elle était impatiente de partir voyager à travers le monde une fois que ses différends avec le milliardaire du Cirque du Soleil seraient terminés.

« Montréal n'est pas l'endroit idéal pour rencontrer des gens, m'a-t-elle dit. Je suis si heureuse que nous nous soyons rencontrés. Je me sens si seule depuis ma rupture avec Guy. Tous nos amis se sont rangés de son côté. Ma vie est devenue solitaire et triste. »

Même si j'ai pensé qu'elle était dingue, un peu plus tôt lorsqu'elle était au volant, je l'aimais bien. Elle était drôle, sauvage, espiègle et semblait terriblement inquiète. L'instabilité incite souvent les gens à adopter un comportement autodestructeur, c'est vrai. Mais comme je l'apprendrais plus tard, Rizia jouait sur un tout autre terrain. Elle n'était intéressée que par elle-même. Guy Laliberté lui avait offert une vie luxueuse sur un plateau doré. J'ai rapidement réalisé ses énormes excès et sa vie effrénée, son goût inégalé pour le luxe, le faste et le spectacle. Tout ce qu'elle portait était fait sur mesure par les grands couturiers de ce monde. Elle avait la chance de pouvoir voyager très fréquemment et de bénéficier de tous les avantages des riches et des célébrités de la planète, y compris du personnel pour s'occuper de sa demeure et toutes les paires de chaussures Manolo Blahnik possibles et imaginables.Elle dépensait l'argent sans réfléchir. Au début, je ne comprenais pas comment elle pouvait se permettre tout cela. Elle me donnait l'impression qu'elle était issue d'une famille riche, mais j'ai compris plus tard que c'était très loin de la réalité. La vérité, c'est que Rizia pouvait se permettre ce train de vie grâce à la générosité de Guy Laliberté.

Le serveur nous a apporté la carte des desserts et nous avons pouffé de rire lorsqu'il nous a demandé depuis combien de temps nous étions mariés. Rizia en est tombée de sa chaise. Tous les gens présents ce soir-là dans le restaurant n'ont pas cessé de nous observer.

La nuit avançait. J'ai essayé de discuter avec Rizia de la vie au Brésil, des raisons de sa venue au Canada. Mais la seule chose dont elle voulait parler, c'était de ses conflits avec Guy, contre qui elle était encore très fâchée. Elle semblait obsédée par celui qui était resté dix ans à ses côtés, mais qui avait fini par la quitter pour tenter de tourner la page et d'amorcer une nouvelle vie. Rizia était excessive et passionnée. Elle aimait tellement Guy qu'elle ne se remettait pas de la situation. Elle disait qu'il ne l'avait jamais assez aimée en retour, qu'il ne s'était jamais assez engagé, ni en tant que conjoint, ni en tant que père. Il n'était pas assez dévoué pour ses trois enfants, selon elle.

C'est à ce moment-là que mon détecteur de mensonges s'est déclenché. J'avais conscience qu'elle était en train de me raconter sa version de l'histoire et j'étais persuadé qu'elle différait énormément de la version de son ancien amant. Comme vous le lirez plus tard, j'ai découvert par la suite la raison pour laquelle Guy l'avait quittée en courant. Le propriétaire du cirque le plus rentable du monde essayait en fait d'échapper à ce qu'il appelait le « cirque de Rizia ».

Une chose m'était apparue très clairement dès le départ : Rizia et Guy avaient eu une relation très volatile. Il lui avait dit à maintes reprises qu'il ne pouvait plus la supporter. J'allais apprendre également, en interrogeant l'entourage du couple, que Rizia avait sans cesse ignoré les alertes de Guy jusqu'au jour où il l'avait quittée. Elle était résolue à rester avec lui pour toujours, peu importe les embûches, peu importe l'abus de drogues, l'infidélité, les fortes engueulades et la violence conjugale. Elle en a parlé ouvertement dès notre première soirée, accusant Guy de l'avoir souvent trompée. Elle m'a également confié qu'elle pensait qu'il avait commencé dès l'instant où ils s'étaient rencontrés la toute première fois, en 1992, alors qu'elle n'avait que 17 ans. Une fois encore, son histoire était faussée.

« Guy se croit plus fort que tout le monde, m'a assuré Rizia. Il allait souvent faire la fête toute la nuit avec de jeunes filles pendant que je restais à la maison à m'occuper des enfants. Il voyait beaucoup de femmes dans mon dos. Il essayait de me le cacher mais je l'ai souvent surpris. Parfois, il me refilait même des maladies sexuellement transmissibles qu'il avait contractées auprès d'autres personnes. Nous nous étions disputés à ce sujet et il n'avait pas su quoi me dire. Il m'a rendue malheureuse. J'ai essayé de régler nos problèmes mais ce n'était pas possible de parler avec Guy. C'était comme parler à un mur. J'aurais dû écouter ma famille et ne pas sortir avec lui dès le départ. J'étais trop jeune et trop amoureuse. Il pouvait me manipuler comme il le voulait. »

Alors que nous entamions le dessert, d'appétissantes bananes frites ensevelies sous de la crème glacée à la vanille, je me suis rendu compte que Rizia était complètement paumée. Elle avait l'air de se détester. Elle m'a expliqué qu'elle adorait l'alcool parce qu'il lui faisait oublier la haine qu'elle éprouvait pour elle-même, mais aussi pour les hommes. Elle les avait en horreur, même si elle jouissait d'une série de conquêtes dans plusieurs villes à travers le monde. Elle m'a confié que des hommes avaient essayé de la mettre dans leur lit depuis qu'elle a l'âge de 7 ans. Même des membres de sa famille et des voisins auraient tenté leur chance avec elle. Tous les hommes qui étaient entrés dans la maison de ses parents au Brésil auraient essayé. « J'aime le sexe mais je déteste les hommes. La plupart de ceux que j'ai fréquentés sont des requins. Je ne sais pas si je tomberais un jour sur le bon gars. »

Rizia a reçu l'appel d'un homme mystérieux sur son cellulaire. Elle a passé plus d'une demi-heure avec lui au téléphone. Tout en dégustant mon dessert, je ne pouvais m'empêcher d'écouter sa conversation, l'air de rien. L'homme semblait être aussi un ami de son ex car elle le bombardait de questions sur les allées et venues de Guy. Lorsqu'elle a raccroché, elle m'a annoncé que son ami était en chemin et qu'il allait se joindre à nous pour boire le café.

Lorsqu'il est arrivé, j'ai cru un instant qu'il s'agissait de George Clooney. C'était sa copie conforme. Il s'est présenté sous le nom de David, m'a dit qu'il était en contact avec Rizia depuis plusieurs mois et que, comme elle, il était parent célibataire. « Alors on est trois, lui ai-je dit, j'ai moi aussi une fille de deux ans ». Le sujet a alimenté la discussion durant les dix premières minutes. David m'a répété à plusieurs reprises que son fils Mikey préférait rester avec lui plutôt qu'avec son ancienne épouse, que son ex avait tenté de le ruiner, le forçant presque à faire faillite. Et j'ai découvert quelques mois plus tard que son magasin de vêtements de cuir situé en centre-ville avait dû définitivement fermer ses portes parce qu'il se retrouvait sans trésorerie. Sa rupture tumultueuse avait complètement chambardé sa vie.

À mesure qu'avançait la soirée, je trouvais que David avait des mœurs bizarres. Il aimait beaucoup les femmes, mais les femmes bien plus jeunes que lui. Il nous a raconté ses prouesses sexuelles, comme la fois où il avait introduit son pénis dans la gorge d'une jeune femme de 22 ans dans les toilettes d'une discothèque de la ville. Des histoires dignes des fictions américaines à succès et des romans pornographiques. Il en parlait très librement, comme si de rien n'était. Le beau cinquantenaire bronzé tentait clairement de titiller Rizia avec ses exploits mais elle ne semblait pas très intéressée. Il n'est pas parvenu à l'impressionner, ce soir-là. De toute évidence, elle ne s'était pas amusée à l'écouter se vanter de ses performances avec des filles dont il aurait pu être le père.

David s'est alors décidé à changer de sujet pour nous faire part de ses autres exploits. Il nous a raconté qu'il avait combattu pour Israël au sein du Mossad, l'agence nationale de renseignements. Il nous a expliqué comment il avait participé aux missions d'espionnage à l'étranger et aux opérations politiques et paramilitaires secrètes contre les voisins arabes de l'État hébreu et les mouvements armés palestiniens. Il a relaté comment certains de ses amis ont assassiné quelques-uns des principaux chefs politiques ennemis. David nous a assuré qu'il avait combattu lors de la guerre du Kippour, en octobre 1973, au cours de laquelle un groupe d'États arabes dirigé par l'Égypte et la Syrie avait ouvert les hostilités avec Israël. S'en était suivi un véritable massacre. « Je n'ai pas peur de mourir pour ce en quoi je crois, a-t-il ajouté. C'était une vraie guerre. Les pertes étaient très importantes des deux côtés. S'il n'y avait pas eu un cessez-le-feu, j'aurais combattu jusqu'à mon dernier souffle. »

En l'écoutant, je me demandais ce qu'il pouvait bien faire là. Pourquoi Rizia l'avait-elle appelé pour que l'on se voie ? Tout ça était très obscur. Du moins jusqu'à quelques mois plus tard.

Le serveur nous a signalé que le restaurant allait fermer. Rizia m'a alors invité à venir prendre le thé chez elle. David, lui, a prétexté un rendez-vous. Je trouvais ça plutôt étrange d'avoir un rendez-vous à minuit et demi mais après tout, à Montréal, les choses démarrent souvent très tardivement. Sans trop y croire, je lui ai laissé le bénéfice du doute.

De retour à l'appartement de Rizia, je me suis enthousiasmé de la vue qu'elle avait sur la ville. Chaque fenêtre offrait une perspective différente, y compris les fenêtres d'angle à partir desquelles je pouvais voir le sommet du Mont Royal, la « montagne » en plein cœur de la ville. Son appartement était un loft comprenant une grande salle de séjour et une salle à manger où elle passait le plus clair de son temps.

Les meubles, inabordables, étaient tous des pièces uniques dessinées spécialement par de prestigieux décorateurs d'intérieur. Mais ce qui a le plus attiré mon attention, c'est le salon exotique et la salle à manger en chêne.

Rizia m'a préparé une tasse de tisane. Elle m'a dit que Guy avait la garde des enfants pour la semaine et que, comme toujours, il avait emmené au passage les nourrices et le cuisinier. Par conséquent, nous étions seuls.

Comme je commençais à avoir un peu froid, elle a ajouté des éléments naturels au thé, me promettant que l'effet serait instantané. Elle s'était intéressée à l'homéopathie et aux remèdes aux herbes. Là-dessus, au moins, elle ne mentait pas. Elle s'imposait un mode de vie le plus naturel possible. Au Brésil, elle avait toujours connu les soins alternatifs à la médecine occidentale.

D'un seul coup, Rizia s'est mise à pleurer. Elle se disait terriblement déçue par la tournure des événements récents. Son ancienne vie avec Guy lui manquait. « J'avais l'habitude de voyager dans des hôtels raffinés, de faire partie des premiers noms sur la liste d'invités des soirées jet-set. Maintenant, tout est fini. Guy m'a tout pris. »

Admirant le somptueux environnement dans lequel elle vivait, j'avais du mal à ressentir de la peine pour Rizia. J'étais loin de m'apitoyer sur son sort. Est-ce que je devais la réconforter ? Parce que ce qui me venait immédiatement à l'esprit, c'était plutôt : « Espèce de petite enfant gâtée, comment peux-tu te plaindre autant ? Il n'existe probablement qu'une centaine de femmes dans le monde qui vivent dans un tel luxe, et tout ce que tu trouves à faire c'est de rester là à te faire plaindre. »

C'est alors que le cellulaire de Rizia a sonné de nouveau. C'était Guy avec son fort accent de la rue. Dix secondes à peine après le début de la conversation, elle s'est mise à lui hurler dessus de l'appeler si tard. Guy voulait simplement lui donner des nouvelles de leur plus jeune enfant qui avait pris un coup de froid – ils avaient trois adorables enfants, deux filles et un garçon. Rizia s'époumonait en portugais. Ça a duré deux minutes puis elle a raccroché. Guy l'a rappelée immédiatement. Rizia avait dit quelque chose qui l'avait irrité. Elle avait peut-être trouvé quelque chose sur lui, une preuve concrète qui était susceptible de compromettre sa réputation et sa carrière. Et elle le menaçait d'appeler la police. À ce moment là, je ne pouvais pas encore me rendre compte de tout. Après avoir crié sur Guy une fois de plus, Rizia s'est précipitée dans la salle de bains, dégoûtée. J'ai laissé passer l'orage en regardant la TV pendant une demi-heure avant qu'elle ne ressorte de la pièce.

Puis, il s'est produit un truc étrange que j'ai encore du mal à comprendre aujourd'hui. Rizia m'a demandé de me coucher sur le plancher. Elle a déboutonné ma chemise et enlevé mon pantalon, puis mes chaussettes. Je me suis retrouvé en face d'elle, nu comme un ver. Elle m'a regardé de haut en bas, non sans intérêt.

L'idée de faire l'amour avec Rizia a immédiatement envahi mon esprit. Je ne pouvais pas m'empêcher de penser à tous ces mecs qui auraient tué pour être à ma place à ce moment-là. Il était presque 3h du matin et j'ai compris que Rizia avait envie de s'amuser. Ce ne serait pas ma première fois avec quelqu'un de riche et célèbre. Plus tôt, cette année-là, j'avais terminé un livre concernant mon infiltration dans le milieu de la mode en tant que mannequin. Durant mon enquête, j'avais eu l'occasion de coucher avec plusieurs vedettes et actrices bien connues. Mais passer la nuit avec l'ex-petite amie d'un des milliardaires les plus riches au monde serait bon pour mon ego.

Tout à coup, pourtant, Rizia s'est mise à sauter à cloche-pied sur mon dos. Elle se tenait debout sur moi. Elle a exécuté des coups fermes avec la pression de ses pieds. Elle m'a expliqué qu'elle voulait ouvrir tous mes chakras et libérer mes toxines intérieures pour évacuer mes douleurs et mon stress. À ce moment-là, j'ai pensé qu'elle avait perdu la tête. Mais alors qu'elle continuait à exécuter ses gestes, mon corps s'est notablement relaxé. J'étais étonné de la précision de l'action de ses orteils et de ce qu'elle était capable de faire, tout particulièrement quand elle a touché une zone sensible dans le bas de ma colonne vertébrale. Elle était aussi tranquille et aussi agile qu'une souris. Il n'y avait pas à dire, l'ex du patron du Cirque du Soleil marchait sur moi comme sur une corde raide. Elle n'a pas raté un seul mouvement. Elle avait appris cette technique lorsqu'elle avait séjourné avec Guy dans l'hôtel le plus cher du monde, à Dubaï. « C'était un hôtel sept étoiles à trente mille dollars la nuit, se souvient-elle. Il y avait là les meilleurs masseurs thérapeutiques de la planète. C'est là-bas que j'ai appris à faire tout ça. »

Je me suis endormi moins d'une heure plus tard, directement sur le plancher de son salon. Le lendemain matin, je me suis réveillé vers 7h. Rizia dormait profondément dans la chambre d'à côté. Mes vingt-quatre premières heures auprès de cette belle Amazonienne resteraient peut-être les plus mémorables de ma vie. Il n'était pas étonnant qu'elle ait fréquenté le propriétaire d'un cirque. Rizia vivait comme si elle désirait jouer le premier rôle dans le Cirque de son ex. Son souhait allait bientôt être exaucé.

1

« Le cirque est le seul plaisir intemporel que l'on puisse acheter avec de l'argent », écrivait Ernest Hemingway. Cependant, parce que certains pourraient être tentés d'ajouter l'un des plus vieux métiers du monde à la liste des plaisirs intemporels monnayables, il est peut-être plus juste de dire que le cirque est la seule distraction qui a de tout temps enchanté les petits et les grands.

On peut situer les origines du cirque moderne, l'aïeul du Cirque du Soleil, au milieu du 18ème siècle. Mais en réalité, son véritable ancêtre a vu le jour il y a plusieurs millénaires dans la Rome antique. Le cirque était le nom de l'édifice abritant des courses de chevaux et de chars, des combats ou des spectacles présentant des animaux dressés, des jongleurs et des acrobates. Pour remonter encore plus loin dans le temps, certains pensent que le cirque de Rome aurait été influencé par les Grecs, qui avaient l'habitude d'organiser des courses de chars et des expositions d'animaux. Le mot latin *circus* vient en fait du grec *kirkos* qui signifie « cercle » ou « anneau ».

Le cirque romain était composé de gradins suivant le contour de la piste centrale et formant un croissant aux différents angles. Les sièges inférieurs étaient réservés aux personnes de haut rang. Il y avait également diverses tribunes d'honneur accueillant l'organisateur des Jeux et ses amis. Dans la Rome antique, le cirque était, de façon significative, le seul spectacle public où les hommes et les femmes n'étaient pas séparés.

Le cirque le plus célèbre dans l'Empire romain était le Circus Maximus de Rome, érigé il y a plus de deux mille cinq cents ans et reconstruit par Jules César. L'édifice, dit-on, pouvait contenir plus de trois cent mille spectateurs venus assister à des courses de chars, des compétitions athlétiques et des combats de gladiateurs.

Ce qui s'y déroulait ne relevait toutefois pas toujours du plaisir et des jeux. Cleo Paskal, dans sa chronique sur l'histoire du cirque, raconte que « s'entremêlaient aux spectacles d'animaux des concours sanglants et brutaux, souvent encouragés par des fanatiques de chars déchaînés. En tête de liste de ce genre d'arènes figurait le Circus Neronis, créé pour les martyrs chrétiens. »

Ce n'est qu'après la chute de l'Empire romain que les cirques sont devenus un peu plus familiaux, lorsque de petites bandes d'amuseurs itinérants composées d'acrobates, de jongleurs et de troubadours ont commencé à sillonner les routes pour jouer dans les petites villes. Les troubadours et les ménestrels du Moyen Âge étaient les héritiers de ces bandes. De temps en temps, ces troupes présentaient un spectacle d'ours ou un numéro de contorsionniste.

Le premier cirque européen moderne aurait été monté sur les rives de la Tamise, à Londres, par Philip Astley, un ancien Sergent-major de l'armée qui exécutait des numéros d'équitation acrobatique dans un manège étroit, impressionnant les foules avec une série de manœuvres impossibles. Le *Oxford English Dictionary* fait référence à un livre de 1791 sur la troupe de Philip Astley, *The History of the Royal Circus*, comme étant le premier ouvrage à utiliser l'occurrence écrite du mot « cirque » pour décrire le cirque moderne. Au bout de deux ans, les foules commencèrent à être blasées par le même vieux spectacle de chevaux, alors Astley décida d'y ajouter des jongleurs, des clowns et des bateleurs. Le succès de son spectacle inspira une série d'imitateurs qui, graduellement, ajoutèrent à leurs shows équestres des numéros avec des bêtes sauvages, tels que des dompteurs de lions. Rapidement, Astley fut invité à présenter ses spectacles devant les têtes couronnées d'Europe. Il donna notamment une célèbre représentation pour Louis XV à Versailles. Ce fut à cette période que le « Vieux Continent » vit éclore de nombreuses troupes de cirque.

Ce n'est qu'en 1793, soit moins de deux décennies après la naissance des États-Unis, que le premier cirque s'est implanté en Amérique du Nord, lorsque John Bill Ricketts, un élève du principal concurrent d'Astley, décida d'amener son spectacle à Philadelphie. George et Martha Washington furent conquis. Le show consistait essentiellement en des numéros équestres auxquels avaient été adjoints quelques acrobates pour la forme. En 1797, Ricketts se rendit à New York puis, la même année, séjourna à Montréal pendant six mois afin d'y établir ce qui est considéré comme le premier cirque au Canada. Il ne serait pas le dernier.

•••••

Quand Guy Laliberté n'était encore qu'un enfant, ses parents l'avaient emmené voir le Ringling Bros. and Barnum & Bailey Circus, le « plus grand chapiteau du monde ». Il dirait plus tard qu'il ne l'avait pas trouvé « drôle », peut-être une façon pour lui de dénigrer le seul cirque au monde qui ait probablement été aussi célèbre que le sien. Quoi qu'il en soit, cela lui avait donné l'envie de lire une biographie de Phineas Taylor Barnum, le plus grand entrepreneur que le monde du cirque ait jamais connu.

P. T. Barnum est né le 5 juillet 1810 à Bethel, dans le Connecticut. Il démontra très tôt de réelles aptitudes d'homme d'affaires, vendant des billets de loterie alors qu'il avait à peine 12 ans.

À l'âge de 25 ans, Barnum débourse mille dollars pour acquérir les services de Joice Heth, une femme qui prétendait avoir été la nourrice de George Washington et être âgée de 161 ans. Il l'exhiba à New York et en Nouvelle-Angleterre, empochant environ mille cinq cents dollars par semaine.

En 1841, Barnum acheta le Scudder's American Museum situé sur Broadway. Il y exposa « cinq cent mille curiosités naturelles et artificielles provenant des quatre coins du globe », comme l'indique le site officiel du Ringling Bros. and Barnum & Bailey. Les visiteurs étaient orientés dans le musée par des panneaux de signalisation indiquant : « This way to the egress ». La plupart des gens ne comprenant pas que le mot « egress » signifiait « sortie », ils devaient à nouveau payer vingt-cinq sous pour rentrer dans le musée.

En 1842, Barnum exhiba dans son musée la sirène des îles Fidji, censée être une sirène embaumée achetée près de Calcutta par un marin de Boston. La même année, il embaucha Charles Stratton, qui allait acquérir une notoriété mondiale sous le nom de scène de Général Tom Pouce.

Barnum était âgé de 60 ans lorsque le « P.T. Barnum Grand Traveling Museum, Menagerie, Caravan and Circus » fit ses premiers pas. Il s'imposa rapidement comme le plus grand cirque de l'histoire des États-Unis, récoltant quelque quatre cent mille dollars dès la première année de sa création.

En 1881, Barnum s'associa à James A. Bailey et James L. Hutchinson. Ensemble, ils créèrent le « P.T. Barnum's Greatest Show On Earth, and the Great London Circus, Sanger's Royal British Menagerie and the Grand International Allied Shows United », plus communément appelé « Barnum & London Circus ».

La compagnie de Barnum connut l'un de ses plus grands succès en 1882, suite à l'achat d'un éléphant qui serait bientôt connu sous le nom de « Jumbo » et qui allait attirer des nuées de curieux.

En 1885, Barnum et Bailey se séparèrent et empruntèrent, pour un temps, des chemins différents. Ils renouèrent leur relation d'affaires trois ans plus tard. En cette année 1888, le « Barnum & Bailey Greatest Show On Earth » se lança sur les routes d'Amérique, préfigurant les grands cirques itinérants américains.

Barnum est décédé le 7 avril 1891. Des décennies plus tard, le magazine *Life* le qualifia de « saint patron des promoteurs ». Bien que le succès de Guy Laliberté prenne ses racines dans une philosophie très différente de celle du grand showman auquel il est si souvent comparé, certains vont jusqu'à affirmer qu'il pourrait plus légitimement se réclamer de ce titre que P.T. Barnum.

••••

Quand les premières graines du Cirque du Soleil ont commencé à germer au début des années 1980, le Québec n'avait qu'une faible tradition circassienne. Les grands cirques américains, comme le Ringling Brothers Circus, passaient souvent à Montréal ou à Québec. Mais depuis le cirque équestre de John Bill Ricketts au 18ème siècle, les arts du cirque n'avaient jamais vraiment pris racine dans la province.

Il y eut peut-être une exception en la personne de Louis Cyr, « l'homme le plus fort du monde », qui fut l'une des personnalités les plus connues au Québec au 19ème siècle. Cyr est né à Napierville en 1863. Alors qu'il était encore très jeune, sa mère décida qu'il devait se laisser pousser les cheveux, comme le héros biblique Samson. Cela devint l'un de ses nombreux signes distinctifs. À l'âge de 18 ans, il se rendit à son premier concours d'hommes forts à Boston, où il souleva un cheval adulte. Son exploit le plus célèbre eut également lieu à Boston, lorsqu'il souleva sur son dos une plate-forme sur laquelle se tenaient dix-huit personnes. Au Québec, il poussa un wagon de marchandises sur une pente inclinée. Ses exploits furent largement célébrés dans sa province natale où il acquit le statut de légende vivante.

Cyr exerçait la profession de policier à Montréal, jusqu'à ce qu'il décide de profiter de sa renommée grandissante pour former la Troupe Cyr. Il voyagea à travers le Québec pour y exhiber ses exploits avant d'être recruté comme principale attraction dans le John Robinson Circus, où il tenait une plate-forme au-dessus de sa tête tandis que deux cyclistes y circulaient. Il voyagea beaucoup et attira l'attention du Ringling Brothers Circus avec lequel il partit plusieurs années en tournée.

À la fin du 19ème siècle, Cyr revint au Québec et fonda son propre cirque, voyageant à travers le Canada francophone avec une variété d'artistes. Ses spectacles n'ont jamais mis en scène d'animaux.

S'il n'est donc pas exact de dire qu'il n'existait aucune tradition circassienne au Québec avant le Cirque du Soleil, il est en revanche certain que ce n'est pas de cet héritage là que Laliberté et ses camarades se sont inspirés, pas plus que de celui des grands spectacles de Barnum & Bailey. C'est plutôt dans le Vermont rural que le Cirque du Soleil puise ses racines.

2

Que Guy Laliberté soit ou non le véritable « fondateur » du Cirque du Soleil, la plupart des gens reconnaissent que c'est en fait Gilles Ste-Croix qui en a planté les premières graines et que, sans lui, le Cirque n'aurait jamais vu le jour. Ste-Croix a lui-même indiqué que si Laliberté était le père du Cirque, alors lui en était le grand-père, tout en ajoutant cette phrase qui constitue peut-être un plus juste reflet de la réalité : « J'ai créé Laliberté. »

Ste-Croix raconte qu'il est devenu amuseur public par accident. « Je me prédestinais à une carrière d'architecte, se rappelle-t-il, mais ne pouvant tout simplement pas supporter la charge de travail, j'ai finalement abandonné ». Il ajoute qu'il a toujours voulu faire partie du monde du spectacle mais que ses parents, traditionalistes, ont froncé les sourcils face à une telle perspective et l'ont poussé à s'orienter vers un « vrai métier ».

Attiré par la contre-culture qui balayait le Canada lors de sa jeunesse – en épargnant toutefois son petit village du Québec–, Ste-Croix se prit à rêver de vagabondage. Il décida alors de faire ses valises et voyagea en Colombie-Britannique où il cueillit des champignons magiques, fuma beaucoup de cannabis et apprit l'anglais – ce dernier point s'est d'ailleurs avéré être un élément déterminant dans le succès que le Cirque a connu par la suite aux États-Unis, son anglais étant bien meilleur que celui de la plupart de ses collègues. Durant son séjour en Colombie-Britannique, Ste-Croix se plongea également dans le mouvement du retour à la terre, toujours florissant sur la côte Ouest alors qu'il s'était atténué depuis longtemps dans le reste du pays. Tandis que les années 1960 tiraient à leur fin et que la contre-culture faisait place au matérialisme des années 1970, plusieurs hippies avaient formé en Colombie-Britannique des communes de type socialiste semblables aux kibboutzim israéliens où le travail était partagé, de même que le fruit de leur labeur. Largement influencées par des mouvements similaires issus de Californie et plus particulièrement par le mouvement hippie d'Haight-Ashbury à San Francisco, ces communes accueillaient de nombreux Américains qui s'étaient réfugiés au Canada pendant la guerre du Vietnam afin d'éviter la conscription. La politique y cédait toutefois souvent la place au plaisir. La plupart du temps, les participants jouaient de la musique, fumaient du cannabis et s'adonnaient au sexe, l'amour libre étant de règle. « Je vivais avec ces phénomènes, tentant d'apporter des changements dans la société », révèle Ste-Croix à Tony Babinski dans l'histoire officielle du Cirque, *20 ans sous le soleil*.

Finalement, Ste-Croix décida de retourner au Québec, à la fois parce qu'il avait le mal du pays mais aussi parce que ses parents le poussaient à revenir à la réalité. Sa courte carrière dans l'architecture le convainquit définitivement que cette vie n'était pas faite pour lui. L'idée de retourner à une vie nomade le démangeait, lorsqu'il découvrit qu'une série de communes et de coopératives avaient pris naissance à travers le Québec. À la différence de celles qu'il avait connues sur la côte Ouest quelques années auparavant, ces communes avaient pour particularité d'entremêler socialisme et expériences artistiques, attirant ainsi toutes sortes de talents. Les drogues et le sexe y étaient tout aussi présents qu'en Colombie-Britannique, une bonne dose de nationalisme agrémentant le tout. Dans l'une de ces communes dont il qualifie la philosophie de « très socialiste », Ste-Croix se souvient qu'il était impossible d'apporter une guitare à moins de la partager avec tous. Les communes étaient reliées à une série de coopératives basées à Montréal qui vendaient de tout, des produits artisanaux, des livres de poésie, ou encore des instruments de musique.

Le tournant pour Ste-Croix et le futur Cirque s'est produit lorsqu'il habitait à Victoriaville. La commune avait un champ de pommiers où chaque membre devait participer à la cueillette. Un jour que Gilles montait à une échelle afin d'atteindre les branches les plus élevées, il se dit que sa tâche serait plus facile si l'échelle était fixée à ses jambes. Il décida alors de se fabriquer une paire d'échasses. Un Américain qui travaillait à la commune le voyant ainsi équipé l'informa qu'une compagnie théâtrale du Vermont appelée Bread and Puppets Theatre réalisait des spectacles sur échasses, suscitant ainsi la curiosité de Ste-Croix.

La compagnie théâtrale Bread and Puppets avait été créée dans le quartier Lower East Side de New York au début des années 1960 par un expatrié allemand du nom de Peter Schumann qui avait décidé de combiner spectacle de marionnettes et théâtre politique à l'occasion de grèves des loyers, d'événements organisés par la communauté ou de rassemblements en faveur des droits civiques. Le nom de la compagnie tire son origine de la distribution aux spectateurs de pain fraîchement cuit au four et préparé par la troupe dans le but de créer une communauté. Lors de la guerre du Vietnam, Schumann avait érigé un théâtre de marionnettes géantes afin de présenter des spectacles dénonçant le conflit. Les photos de la plupart des rassemblements pacifistes importants des années 1960 illustraient ces marionnettes de plus de quatre mètres de hauteur se promenant sur des échasses au-dessus de la foule.

En 1970, Peter Schumann et le Bread and Puppets Theatre s'étaient installés dans le Vermont où ils avaient été accueillis au sein de l'université progressiste de Nouvelle-Angleterre, le Goddard College. C'est à partir de cette époque que la troupe avait commencé à présenter régulièrement des reconstitutions historico-politiques dénommées *Domestic Resurrection Circus*. Lorsque Gilles Ste-Croix décida de rendre visite à la communauté, celle-ci était désormais située dans une ferme à Glover, dans le Vermont, où elle est encore établie aujourd'hui. Certains supposent que Ste-Croix s'est inspiré du nom du spectacle des Bread and Puppets lorsque lui et sa propre bande d'artistes intrépides du Québec ont décidé de qualifier leur troupe de « cirque », en dépit de l'absence d'animaux ou d'autres numéros traditionnellement liés à ce mot.

Lorsque Ste-Croix visita la ferme située non loin de la frontière du Québec, il se lia d'amitié avec Schumann. Ce dernier, ayant besoin d'un échassier, lui demanda de participer au spectacle des Bread and Puppets. Ste-Croix ne prit part qu'à l'une des représentations de la troupe, mais celle-ci eut un profond impact sur lui. « Je me suis dit que c'était ce que je voulais faire, s'est-il rappelé par la suite. Après tout, pourquoi ne pouvions-nous pas faire la même chose au Québec ? »

À la fin des années 1970, Ste-Croix, fraîchement marié, avait définitivement abandonné l'idée d'un travail de bureau et avait déménagé à Baie-Saint-Paul, une colonie d'artistes florissante en aval de la ville de Québec dont plusieurs des résidants provenaient des communes dans lesquelles il avait lui-même séjourné par intermittence dans le passé.

Puisque beaucoup de résidents, en particulier les artistes de rue, étaient de passage en période estivale, les logements saisonniers étaient rares. Lorsque Ste-Croix arriva à Baie-Saint-Paul avec son épouse au cours de l'été 1979, l'ouverture d'une auberge appelée le Balcon Vert était prévue afin de fournir un logement aux musiciens et aux amuseurs publics nouvellement arrivés, ainsi qu'un endroit pour se rassembler et faire des représentations. L'idée intéressait Ste-Croix qui se vit alors confier la responsabilité de gérer la nouvelle entreprise. Cette expérience serait pour lui une véritable aventure artistique. Lorsqu'un artiste de rue nommé Guy Laliberté arriva à l'auberge cet été-là, cherchant un endroit où résider quelques jours, le destin fit son œuvre : Gilles Ste-Croix allait rencontrer l'homme dont la vie serait étroitement imbriquée à la sienne au cours des vingt années à venir.

Guy Laliberté est né à Québec en 1959 au sein d'une famille de la classe moyenne. Lorsqu'il était petit, ses parents déménagèrent à Saint-Bruno, près de Montréal. Son père était un cadre bien payé travaillant pour l'énorme compagnie d'aluminium Alcan. Sa mère, elle, était esthéticienne.

Selon Chantal Leclerc, qui le connaît depuis l'enfance, « Guy était un enfant précoce. Dès l'âge de 2 ans, il était déjà capable de chanter mot pour mot les chansons qui passaient à la radio. Il était également très espiègle. Il pouvait disparaître pendant des heures, et ses parents avaient du mal à le retrouver. Une fois, il s'est même rendu avec son tricycle jusqu'à l'autre bout de la ville et ils ont dû le chercher pendant des heures. Il était beaucoup plus futé que la plupart des enfants. À l'âge de 4 ans, il organisait déjà des ventes de limonade devant la maison familiale. Mais sa véritable passion, c'était l'art. Aussi loin que l'on puisse se souvenir, c'était un romantique dans l'âme. Chaque fois que je me rendais dans sa famille, il y avait toujours de la musique, des rires et une maison remplie de chaleur. Guy aimait chanter et interpréter. Vous pouviez immédiatement sentir qu'il était prédestiné à une carrière dans le monde du spectacle. »

Guy s'est exercé dans la riche tradition de la danse folklorique québécoise et a également chanté dans plusieurs chœurs. De l'avis de la majorité, c'était un enfant agréable mais qui a toujours voulu être au centre de l'attention.

« La maison de Laliberté était l'endroit où il fallait se trouver », rappelle un autre ami d'enfance, Serge Trudel. « C'était toujours trépidant. Tout le monde y était le bienvenu. Il s'y passait toujours quelque chose. Guy était le plus gentil des garçons, mais uniquement si vous ne le contrariiez pas. Il aimait être le leader. S'il n'obtenait pas immédiatement ce qu'il voulait, il s'arrangeait toujours pour l'obtenir en dernier ressort. Il pouvait se défendre. Si vous lui cherchiez querelle, vous saviez que vous vous embarquiez dans une bagarre et il ne se laissait pas battre facilement. Il n'était pas très grand mais il engageait le combat et, habituellement, il gagnait. Personne n'était plus populaire que lui. C'était toujours le leader à l'école, il avait beaucoup d'amis. C'était un gars dur mais avec un cœur d'artiste. Dès son plus jeune âge, il aimait à vivre une vie des plus poétiques. »

Bien qu'il préférait la musique et les sports aux devoirs, Guy réussissait bien à l'école, sans trop d'efforts. Il s'entraînait aux arts martiaux et était un amateur inconditionnel de hockey.

« Guy a toujours évoqué à quel point il trouvait important de pouvoir se défendre spirituellement et mentalement, un peu de la façon dont il l'a fait plus tard avec le Cirque du Soleil, note Trudel. C'est impressionnant à quel point il était en avance sur son âge. Du temps où il était un jeune garçon, il avait déjà sa propre stratégie. Cette même stratégie qui, plus tard, s'est révélée fructueuse pour lui. »

Trudel insiste sur le fait que, à la différence de beaucoup d'enfants qui rejoignent le monde du spectacle parce qu'ils ont besoin d'attention, l'attirance de Guy pour cet univers reposait sur d'autres motifs. « C'était un vrai poète, un vrai artiste. Bien qu'il aimait être au centre des choses, il voulait avant tout repousser les frontières de l'art. C'était un enfant très curieux. »

En dépit de sa popularité, Guy n'était pas un tombeur, d'après Trudel. « Il semblait gêné en présence des filles. Jusqu'à l'adolescence, il n'était pas très à l'aise avec l'autre sexe. Nous savons tous qu'il est devenu plus tard un Don Juan des temps modernes. »

Laliberté a raconté à Tony Babinksi comment il a initialement été attiré par le monde du spectacle. C'était lors d'un concert donné par le fameux musicien cajun Zachary Richard au parc Lafontaine de Montréal, alors qu'il était un étudiant du secondaire. « J'étais intéressé par la musique folk depuis l'âge de 14 ans. Je viens d'une famille de musiciens. Mon père jouait de l'accordéon, nous chantions tous. Zachary Richard était le fait marquant de la soirée Québec-Louisiane. Il était excellent. Lors du spectacle, il a lancé une invitation à l'auditoire, disant : "Vous devriez descendre en Louisiane célébrer Mardi Gras avec nous". Le lendemain, je me suis dit : "Ok, je le ferai". »

Témoignant d'un esprit entrepreneurial qui se révélerait si profitable par la suite, Guy recueillit les fonds, rallia ses camarades de classe et planifia un voyage en Louisiane pour vingt-cinq étudiants du secondaire. Cette drôle de bande d'adolescents organisa des ventes de pâtisseries, des concerts, des brocantes, des ventes de charité et des lavages de voiture afin de réunir l'argent nécessaire pour pouvoir s'envoler jusqu'à la Nouvelle-Orléans.

Avant de partir, le jeune garçon de 14 ans laissa un mot à ses parents, une citation du poète libanais Khalil Gibran : « Vos enfants ne sont pas vos enfants, ils sont les fils et les filles de l'appel de la Vie à elle-même ». Sa mère a confirmé cette information au quotidien français *Libération*. Pour ses parents, il n'y avait rien de plus normal que de laisser leur fils plonger dans sa quête artistique. Ils avaient pris conscience qu'il était différent, qu'il n'était pas comme les autres adolescents de son âge. Ce fut donc tout naturellement qu'ils lui apportèrent leur soutien, dans ses choix bien sûr, mais aussi dans ses projets. Sa mère deviendrait même par la suite sa costumière attitrée.

Son amour pour la musique folk convainquit Guy qu'il pourrait faire carrière dans la musique. À l'issue du secondaire, il intégra un groupe folklorique, La Grande Gueule, comme chanteur, accordéoniste et joueur d'harmonica. Dès qu'il en eut l'occasion, il sillonna le Québec.

D'après Laliberté, le fait de voyager en auto-stop pour assister à des concerts à travers la province lui a donné un avant-goût de la vie d'artiste. C'était une lutte constante. Entre les concerts, il jouait de la musique dans la rue – parfois pour se payer son prochain repas – et traînait avec une bande de saltimbanques, de jongleurs, d'acrobates et de cracheurs de feu qui lui enseignèrent quelques trucs du métier.

En tant que musicien de rue moi-même, ayant dû tout comme Guy exercer mon métier dans les rues de Québec pendant plusieurs années au cours de la décennie 1970, je savais qu'un amuseur public était généralement mieux perçu par les Québécois qu'un mendiant. Toutefois, il fallait se considérer heureux lorsque l'on gagnait 3 $ en une heure, les Québécois considérant souvent une pièce de dix ou vingt-cinq sous comme un don suffisant pour une personne obligée de tendre la main pour gagner sa vie. Tous les musiciens ambulants du Québec avaient en revanche entendu parler d'un endroit où les interprètes de rue étaient reconnus comme de vrais artistes, un endroit où en jouant dans les rues, on pouvait se permettre un niveau de vie confortable, récoltant parfois pas moins de dix mille dollars en un été. Cet endroit, c'était l'Europe. Tous chérissaient donc le vœu de voyager sur le « Vieux Continent » pour y exercer leur métier, mais peu y sont parvenus.

Généralement, lorsque Guy Laliberté avait un objectif en tête, il le réalisait. Il s'est plus tard décrit à un journaliste britannique comme un « rêveur, fasciné par les cultures du monde ». Lorsqu'il entendit parler pour la première fois de l'ampleur des dons qui pouvaient être empochés dans les grandes villes européennes, il décida d'y aller et de tenter sa chance. C'est ainsi qu'en 1978, il s'envola pour Londres, avec moins de mille dollars en poche, un accordéon, un harmonica, une guimbarde, ainsi qu'un ensemble de cuillères musicales.

Déterminé à conserver ses économies jusqu'à ce qu'il ait découvert s'il pouvait réellement gagner de l'argent en jouant de la musique, il passa sa première nuit de sommeil sur un banc dans Hyde Park.

La première fois que Guy m'a raconté cette histoire, elle m'a rappelé des souvenirs. Moi aussi, par le passé, j'avais pris l'avion pour Londres afin d'y jouer de la musique. Moi aussi, j'avais passé ma première nuit de sommeil dans Hyde Park. Dans mon cas, cette expérience est associée à des souvenirs heureux car, après m'être réveillé dans le parc le lendemain matin, j'avais fait la rencontre de l'actrice américaine Ava Gardner qui y promenait ses chiens. Alors que nous avions commencé à parler de musique, elle m'avait invité à monter dans son appartement situé à quelques pas de là. Elle m'avait raconté des histoires fascinantes au sujet de ses mariages avec un certain nombre de musiciens importants, dont Frank Sinatra, qu'elle tenait responsable de la cicatrice qu'elle portait au visage, à l'endroit où elle affirmait qu'il l'avait frappée brutalement. En fait, elle m'avait confié qu'elle habitait en Angleterre parce que les proches de Sinatra l'avaient avertie de rester loin de l'Amérique après qu'elle l'eut quitté. Ça avait été le début d'une belle amitié entre Ava et moi, qui n'avait pris fin qu'à sa mort, plusieurs années plus tard.

La nuit où Laliberté dut dormir dans le parc ne fut pas aussi productive. Néanmoins, elle eut également une influence sur lui à long terme. Ce fut à ce moment qu'il comprit qu'il n'éprouvait pas particulièrement de plaisir à vivre à la dure. Quelques années plus tard, lorsqu'il retournerait à Londres, cette fois avec le Cirque du Soleil, il séjournerait dans un hôtel donnant sur le même parc, mais à un prix de 800 $ la nuit.

Son anglais n'était pas très bon, ce qui constitua une faiblesse pour un musicien de rue exerçant à Londres. Laliberté décida alors de prendre le ferry puis le train pour rejoindre Paris, une ville qu'il avait toujours rêvé de visiter, à l'instar de la plupart des jeunes Québécois.

Paris possède une longue et riche tradition de musique de rue que l'on peut faire remonter à la Révolution française, lorsque des musiciens jouaient pour distraire de grandes foules réunies dans l'attente d'assister à la décapitation de l'aristocratie française, puis passaient ensuite avec leurs chapeaux parmi les badauds.

Lorsque je jouais de la musique à Paris, mon histoire préférée était celle d'un célèbre amuseur public parisien du 19ème siècle, dénommé Joseph Pujol, qui s'était découvert tout jeune un don unique : il pouvait péter à volonté, fort et de façon musicale. Décidant de tirer profit de ses capacités, il s'était rendu dans les rues, pétant *La Marseillaise* et bien d'autres chansons, ou faisant incendier ses pets, ce qui lui avait rapporté d'importantes sommes d'argent. Tandis qu'il régalait de ses performances des foules hilares, celles-ci remplissaient son chapeau de francs. Par la suite, un promoteur l'avait recruté et lui avait offert un spectacle régulier. Pujol était alors devenu connu comme Le Pétomane, l'un des artistes les plus populaires sur le continent, dont les numéros avaient été applaudis par la plupart des têtes couronnées d'Europe.

Jouant de la musique folk du Québec et racontant des histoires pour les foules de touristes devant le Centre Pompidou à Paris, Laliberté n'a jamais bénéficié du même succès que Joseph Pujol. Toutefois, il y avait passé du bon temps. Vers la fin de la saison, il fit le vœu de revenir l'été suivant, mais les choses ne se déroulèrent pas tout à fait comme prévu.

3 À force de volonté et d'espoir, Guy Laliberté a su s'entourer des bonnes personnes pour faire sa place dans le monde du spectacle. Il épatait les gens dans la rue avec ses étonnantes aptitudes de cracheur de feu, de jongleur et d'amuseur public, tout en apprenant rapidement à s'adapter aux humeurs des spectateurs. Il s'est ainsi formé sur le tas, sans faire d'études spécialisées. La plus grande de ses vertus est d'avoir toujours su regarder les gens droit dans les yeux, d'y déceler leur sensibilité et leurs intentions.

« Je n'ai jamais rencontré quelqu'un d'aussi éveillé que Guy », disait Bono, le chanteur du groupe U2, plusieurs années après avoir fait sa connaissance. « C'est l'une des personnes les plus puissantes de l'histoire du show-business, et à juste titre, parce qu'il est adorable, intelligent et très ouvert à la nouveauté. »

Dès 1980, Laliberté, qui n'avait alors que 21 ans, usait de ses talents et de son charisme pour briller auprès du public. Il décida de passer l'été à Baie-St-Paul et de participer à la tournée des Échassiers. La troupe ne gagna pas encore suffisamment d'argent mais Laliberté laissait déjà son empreinte.

« À l'époque, Guy était l'un des plus jeunes interprètes de l'équipe », se souvient Élise Lapointe, qui travaillait comme bénévole pour les Échassiers. « On pouvait tout de suite se rendre compte qu'il avait l'âme d'un guerrier. Non seulement il était talentueux, mais en plus, il était appliqué et pointu dans ce qu'il faisait. Il sentait les choses, il avait sa propre vision. Et il savait que ce n'était qu'une question de temps avant de pouvoir la réaliser ».

Guy était doux et charmant mais pas toujours très respectueux d'après Mme

Lapointe. Il semblait n'avoir aucune limite. « Si quelqu'un lui demandait de sauter, il répondait "jusqu'à quelle hauteur ?" Il ne s'embarrassait pas de paroles inutiles ».

Suite à la tournée de l'été 1980, il décida de s'envoler au soleil. Il opta pour le sable chaud et les décors surréalistes d'Hawaï. C'est là qu'il découvrît le calme et le sentiment de zénitude. Là qu'il tomba amoureux de la beauté authentique de l'île, préférant la relaxation et la tranquillité de Maui à l'animation et au remue-ménage d'Oahu. Il assista, pour la première fois de sa vie, à quelques-unes des plus belles scènes qu'offre la nature.

« Pour moi, Hawaï est l'endroit rêvé pour vivre, a-t-il confié plus tard. C'est l'endroit où je me sens le mieux pour décrocher et m'évader. »

De retour chez lui à la fin du printemps 1981, Laliberté voulait tirer bénéfice de ses expériences à l'étranger pour promouvoir la culture du Québec. Le jeune hippie croyait fort en l'avenir de sa province. Et il voulait y contribuer. Il avait conscience d'avoir eu la chance de voyager, de s'être enrichi artistiquement et il souhaitait à présent en faire profiter les artistes et les producteurs de spectacles québécois. Il avait confiance en lui et se sentait invincible. Peu importe ce qui se présenterait sur son chemin, il était prêt à tout, sans penser à l'échec. La seule chose qu'il ne tolérerait pas, ce serait d'être entouré de parasites et d'incapables. Mais il était certain que son expérience de la vie lui permettrait de les reconnaître et de s'en débarrasser.

« Voyager à travers le monde, si jeune, a aidé Guy à savoir ce qu'il devait faire pour que ses rêves deviennent réalité, raconte un vieil ami de Laliberté. Il aimait le Québec plus que tout autre endroit au monde. Il était déterminé à utiliser ses nouvelles connaissances pour réussir, chez lui, dans sa province. À ses débuts, il se plaignait souvent de ne pas être assez soutenu. Mais avec le temps, Guy a appris qu'il fallait avancer pas à pas sur chacun de ses projets pour atteindre son objectif. Je n'ai jamais rencontré personne capable d'élaborer une stratégie comme Guy l'a fait, en tenant compte de toutes les étapes fondamentales. C'était déjà un fin stratège, brillant et tenace, à l'âge de sept ans, lorsque je l'ai rencontré pour la première fois. »

Cet été 1981, Guy retourna à Baie-Saint-Paul pour participer à une nouvelle tournée à travers le Québec avec les Échassiers. Mais cette fois, en plus de jouer avec les autres membres de la troupe, il fut nommé directeur de la tournée. Serge Roy, l'artiste respecté des Échassiers, pensait que Laliberté était en avance sur son temps. « C'était un homme d'action, quelqu'un qui n'hésitait pas à aller frapper aux portes », a-t-il confié au journaliste Tony Babinski. Gérard Mathieu, qui réside depuis longtemps à Baie-Saint-Paul, se souvient d'avoir croisé Laliberté dans un bar local cet été-là. « C'était la personne la plus sympa que vous pouviez rencontrer. Lorsque vous lui parliez, il vous donnait toujours l'impression que vous étiez la personne la plus importante au monde. »

Les Échassiers étaient tout autant motivés par la politique que par le théâtre de rue. La troupe était partisane d'un Québec souverain avec le français comme langue officielle. Le Parti Québécois – parti nationaliste de Canadiens français formé en 1970 – avait remporté sa première élection provinciale en 1976 sous l'égide de René Lévesque. Le gouvernement avait lancé une série de réformes sur la langue et la culture pour promouvoir le français et décourager l'usage de l'anglais, à tel point que des milliers d'anglophones avaient subitement quitté la province. En 1980, les partisans du « OUI » au premier référendum sur la souveraineté nationale n'avaient obtenu que 40 % des voix. Nombreux étaient ceux qui, au sein de la troupe, avaient été déçus du résultat. Ils aspiraient à l'émergence d'une culture alternative dans laquelle ils se seraient reconnus.

« À l'époque, nous étions des séparatistes convaincus », se rappelle Jean Vincent, artiste de rue pendant des années à Limoilou, en banlieue de la ville de Québec. « Guy n'y faisait pas exception. Bien qu'il ne se soit jamais vraiment étendu sur le sujet, je me souviens très bien qu'il avait apporté son soutien au PQ. Il était clairement favorable au changement, mais il n'était peut-être pas aussi radical que certaines personnes impliquées dans les Échassiers. De toute façon, on était un noyau dur de hippies québécois. On accueillait à bras ouverts tout ce qui parlait de paix, d'amour et de révolution. Dans mes souvenirs, nous portions d'ailleurs tous, sans exception, la fleur de lys sur nous. On voulait avoir notre propre identité, notre propre pays. Plusieurs d'entre nous éprouvions du ressentiment à l'égard du Canada anglais, nous avions l'impression qu'il se mettait en travers de notre chemin. Nous nous sentions rabaissés par le comportement des anglophones. On les appelait d'ailleurs les "maudits Anglais". Ils étaient peu respectueux et peu curieux de notre culture. La plupart des anglophones que je connaissais arrivaient à peine à parler un mot de français à l'époque. Si vous ne leur parliez pas anglais, ils ne vous donnaient même pas l'heure, déplore Vincent. Les artistes de rue étaient très sensibles à ça. On avait l'impression d'être des bons à rien aux yeux des gens de la province, aux yeux des francophones comme des anglophones. Donc on n'avait rien à perdre à soutenir l'indépendance du Québec. De toute façon, ça ne pouvait pas être pire que ça. Il fallait que ça change, on en avait besoin. »

En 1982, Laliberté fit la connaissance de Serge Roy et de Robert Lagueux, qui avaient tous les deux contribué au lancement du festival d'été *La Fête Foraine* à Baie-Saint-Paul. Lagueux allait jouer par la suite un rôle déterminant en aidant Laliberté à réaliser le but ultime de sa vie : lancer sa propre affaire. Gilles Ste-Croix était alors responsable de *La Fête Foraine*. Sa petite troupe encore méconnue, le Club des Talons

Hauts, donna le coup d'envoi de l'événement inaugural. Des jongleurs, des mimes, des échassiers et des cracheurs de feu prirent les rues d'assaut.

Des amuseurs publics du monde entier se rendirent à Baie-Saint-Paul, une petite ville de seulement treize mille habitants située à une centaine de kilomètres à l'est de Québec. Le lieu pittoresque fut rapidement envahi. Les foules accoururent pour assister à cet événement unique. Une tente avait été érigée sur le parking, près de l'église de la ville. L'admission était gratuite en théorie, mais la troupe espérait une contribution symbolique pour chacun de ses spectacles.

« Cela a valu chaque dollar investi et même plus », dit Gaston Charbonneau, un mécanicien de Victoriaville qui assistait à l'événement. Son rêve avait toujours été d'être clown dans un cirque, avant de s'installer et de se marier par la suite. « Quand on y repense, j'étais un témoin de l'Histoire. Il y avait des talents incroyables qui participaient à ce festival. Nous ne serons jamais plus témoins de quelque chose comme ça. L'association du mime, des acrobaties et de la musique, c'était vraiment unique. Je me rappelle qu'au premier spectacle que j'ai vu, je n'arrêtais pas de me dire que j'étais fier d'être Québécois. Le lendemain, je suis allé dans un salon de tatouage et j'ai fait tatouer "Vive le Québec" sur ma poitrine. Et je ne l'ai jamais fait enlever. » Charbonneau aura bientôt soixante ans.

D'autres événements se déroulèrent en même temps que *La Fête Foraine*, dont un concert gratuit présenté par quelques-uns des artistes politiques les plus prometteurs du Québec. Les médias le surnommèrent le "mini-Woodstock" car des milliers de personnes avaient assisté à ce week-end hallucinant de musique et de spectacles durant lesquels ils avaient applaudi, bu de la bière, fumé du cannabis et fait l'amour. La consommation de drogues était inhérente au festival dès sa création. On pouvait très facilement se procurer de la marijuana et du LSD.

« Il était difficile de trouver quelqu'un qui n'était pas défoncé à ce moment-là, reconnaît Pierre Piché, qui a parcouru plusieurs centaines de kilomètres depuis Aylmer, sa ville natale, pour y assister. Ça nous unissait tous. Il n'y avait aucune limite. Les autorités avaient accepté de nous donner notre espace et de dégager. La tolérance était de mise. Vous pouviez faire presque n'importe quoi et vous en sortir sans problème. Nous avions le sentiment que rien ne pouvait nous arrêter. »

Laliberté, un beau jeune homme de 22 ans, mince avec de longs cheveux blonds, avait un avantage sur la majeure partie des gens du festival. Il était issu d'une famille de la classe moyenne. Son père, Gaston, était cadre supérieur dans l'une des plus grandes multinationales au Canada, Aluminium Alcan. C'était un père de famille dévoué. Lui et son épouse Blandine, qui s'occupait des tenues de scène de Guy, ont fait tout ce qui était en leur pouvoir pour aider leur plus jeune fils. « Mes parents étaient la force qui me guidait, a souvent répété Laliberté. Sans eux, je n'aurais jamais eu un tel succès. Ils étaient toujours là pour moi. J'ai eu beaucoup de chance de pouvoir compter sur leur soutien. »

Parmi les nombreuses personnes désormais célèbres qui s'étaient impliquées dans le festival de Baie-Saint-Paul cette année-là, il y avait Gilbert Rozon, président fondateur du festival *Juste pour rire*. Rozon avait 24 ans, il était étudiant en droit et s'arrangeait pour voyager chaque été dans la région de Charlevoix où les spectacles sont légion. De 1980 à 1982, il avait organisé les spectacles populaires *Grande Virée* à Lachute. Ironie du sort, les premiers artistes qu'il avait engagés n'étaient autres que Gille Ste-Croix, Guy Laliberté et les Échassiers de Baie-Saint-Paul. Comme Laliberté, Rozon a construit sa réputation au fil des années en travaillant dur, tout en faisant beaucoup la fête. Il produisait l'un des spectacles qui avait le plus de succès au festival, le spectacle du populaire animateur québécois Mario Lirette. Il avait été enchanté par la liberté d'esprit du festival. Il a même confié au journaliste de *La Presse*, Jean Beaunoyer, que « c'était l'endroit le plus cool où nous pouvions être. C'était un "mini-Woodstock", je devais être là ! » Mais peu avant la fin de l'événement, la vie de Rozon changea pour toujours. Il conduisait Lirette à une prestation. Il faisait nuit, il n'y avait aucun lampadaire dans ce village de campagne qu'ils étaient en train de traverser. Il voyait à peine la route lorsqu'un taxi lui rentra dedans. L'impact, violent, enfonça le côté conducteur de sa voiture presque jusqu'au siège du passager. Les deux voitures firent plusieurs tonneaux. Deux des passagers de la voiture de Gilbert Rozon furent tués sur le coup. Il resta profondément traumatisé par ce drame. Il lui fallut plus de dix ans avant qu'il ne trouve le courage de retourner sur les lieux.

« Il a été tellement secoué que c'est peut-être le seul moment de sa vie où Gilbert n'a pas été capable de reprendre le contrôle, dit un de ses amis intimes et ancien dirigeant de *Juste pour rire*. Il a traversé beaucoup d'épreuves, y compris des accusations de harcèlement sexuel. Mais rien n'a été aussi douloureux pour lui que ce tragique accident de voiture. Je ne pense pas qu'il pourra s'en remettre un jour. »

Le premier spectacle de clôture de La *Fête Foraine* de Baie-Saint-Paul est souvent perçu comme la toute première version de ce qui deviendrait par la suite le Cirque du Soleil. Des douzaines de clowns, de musiciens, de jongleurs et de mimes jouaient ensemble sur scène. Parmi eux, il y avait René Dupéré, le compositeur-interprète qui resterait aux côtés de Laliberté pour les décennies à venir. Dupéré donnait des leçons de musique aux jeunes lorsque son groupe, La Fanfonie, n'était pas en représentation. Il trouvait tout ça complètement absurde, mais il l'acceptait. « Il n'existait rien de tel auparavant au Québec, dit aujourd'hui Dupéré. C'est un moment de nos vies que nous n'oublierons sûrement jamais. »

Lorsque la première édition du festival fut officiellement terminée, la fête de clôture fut probablement l'une des plus grandes célébrations que Baie-Saint-Paul ait jamais connues. Pour Laliberté, qui est devenu célèbre au fil des années pour l'organisation de ses énormes fêtes jalonnées d'excès et de drogues, c'était un avant-goût de ce qui se profilait à l'horizon. « C'était endiablé, raconte Rachel Jean, bénévole sur l'événement à l'époque. Tout le monde couchait avec tout le monde, se droguait et se laissait aller à l'insouciance du moment. Même si je travaillais gratuitement, c'était le meilleur moment de ma vie. J'ai couché avec cinq personnes ce week-end là, trois hommes et deux femmes. Mon ami, qui avait aidé à organiser l'événement, coucha avec six personnes, dont trois de celles avec qui j'avais couché. Nous étions tous complètement stones. L'un des clowns vendait le meilleur acide que vous pouviez imaginer. Il en avait apporté de Montréal. Un autre, un musicien, avait sur lui une grande quantité de haschisch marocain, tellement populaire qu'il a dû appeler un ami pour qu'il rapporte de Montréal un coffre plein de ravitaillement. Tout est parti en fumée dès le premier après-midi. Comparé à cet événement, Woodstock n'était qu'une fête d'anniversaire pour enfants. Tout le monde s'éclatait comme si c'était le dernier jour de sa vie. »

Ce premier festival fut fortement acclamé par le public et les médias, mais les artistes qui l'avaient organisé étaient de piètres comptables. Les dépenses imprévues se soldèrent par un trou de dix mille dollars dans la caisse. Laliberté décida de prendre les commandes pour sortir le festival de la zone rouge et rembourser les dettes. Il était le seul à être capable de faire les calculs et de trouver une solution. L'année suivante, il instaura des frais d'admission de 1 $ et promettait d'aller jusqu'à 5 $ à mesure qu'augmenterait la popularité du rendez-vous. Il échaudait des plans qui lui offriraient d'infinies possibilités et lui serviraient de tremplin pour faire de grandes choses à l'avenir. Guy Laliberté démontrait d'indéniables aptitudes à combiner l'art et les affaires. Ses années rebelles, en solo, l'aideraient plus tard à devenir l'un des meilleurs entrepreneurs au Québec. Mais il lui restait encore beaucoup à prouver avant d'en arriver là.

Ceux qui ont connu Laliberté à cette époque se souviennent du travailleur acharné qu'il était. Un vieil ami dit de lui qu'il ne vivait pratiquement que de café et d'aspirine. « Il ne dormait jamais ! Il avait un rêve et il le vivait 24 heures sur 24. Il était si passionné, si flamboyant, si courageux… Rien ne semblait pouvoir le faire vaciller. C'était comme s'il se préparait à la gloire. Il impressionnait par sa manière de faire. C'est clair qu'il ne manquait pas de talent pour légitimement prétendre faire une grande carrière. C'était à la fois un meneur et un créatif, ce qui est très rare. En fait, je pense qu'il n'y a pas grand monde qui ait rencontré quelqu'un comme lui auparavant. »

Il motivait son entourage en insufflant de la confiance. Il répétait, comme s'il prêchait, que pour avoir du succès, il fallait croire en soi, en ce que l'on faisait et concentrer toute son énergie pour y parvenir. Il redonnait de l'espoir à tous les artistes qui avaient cessé de rêver. Sa plus grande force, et tout le monde est d'accord sur ce point, est de toujours rester concentré sur son objectif. Il a toujours dit que des interlocuteurs ambigus empoisonnaient bien plus les relations d'affaires que les traîtres.

« Depuis que je connais Guy, je l'ai toujours entendu dire les choses directement en face si quelque chose le tracassait, dit un ancien dirigeant du Cirque du Soleil. Que vous l'aimiez ou que vous le détestiez, personne ne l'a jamais accusé d'être un imposteur. Je le savais bien avant qu'il ne fonde le Cirque. Il a toujours préféré dire les choses telles qu'elles sont. Il aime parler. Mais jamais dans le dos des gens. »

Guy passa le reste de l'année à essayer de convaincre l'équipe du festival de Baie-Saint-Paul de mieux positionner l'événement l'été suivant. Elle accepta de procéder à des changements drastiques. Le festival dépensa plus d'argent en marketing et eut recours à davantage d'artistes chevronnés. Bien qu'il ne reçut aucun financement du gouvernement provincial, les choses commencèrent à se mettre en place. L'année d'après, le nombre de festivaliers doubla. Laliberté était complètement épuisé physiquement, mais il travaillait plus fort que jamais pour que le succès soit au rendez-vous. Sans son sens aigu des affaires, la deuxième édition du festival n'aurait probablement jamais vu le jour, personne ne dira le contraire.

Pendant ce temps-là, Le Cirque, lancé en 1982 par un directeur artistique visionnaire, Michel Laurin, luttait pour sa survie. Il comptait dans ses rangs Guy Laliberté et Gilles Ste-Croix. Plusieurs observateurs avisés estiment d'ailleurs que l'entreprise dans laquelle le jeune Laurin avait mis ses tripes et ses larmes constitue la principale source d'inspiration du Cirque du Soleil.

En 1983, Michel Laurin faisait partie des trois propriétaires de cirque à faire pression sur Québec pour obtenir une bourse, essentielle à sa survie et à son développement. Il est convenu, aujourd'hui, que Le Cirque aurait été catapulté vers la gloire et la fortune s'il avait reçu l'aide gouvernementale de neuf cent cinquante mille dollars qu'il convoitait. Sa demande fut finalement rejetée. Et le temps se chargea d'épuiser ses derniers espoirs. Dès 1985, Laurin se retrouva presque sans un sou. Il fut contraint de vendre sa tente et mit une année pour se remettre d'aplomb et rembourser ses dettes. Au dire de tous, Michel Laurin avançait davantage avec son cœur qu'avec pragmatisme. Il enviait d'ailleurs un peu les capacités de Laliberté et le bel avenir qui lui semblait promis.

« Laurin ne savait pas comment fonctionnait une entreprise », explique Stéphane Boyer, le journaliste pigiste québécois qui a suivi de près la carrière des deux hommes. « Laurin vivait l'aventure par passion. Mais il avait soif de pouvoir et un ego surdimensionné. Laliberté lui ressemblait peut-être sur ce plan, mais il était plus à même de diriger son entreprise et il était capable de tenir tête à ceux qui se trouvaient sur son passage quand ça devenait difficile. Il n'acceptait jamais un "non" comme réponse. »

Le succès populaire à Baie-Saint-Paul avait convaincu Laliberté et Ste-Croix qu'il pouvait y avoir un plus grand marché ailleurs. Ils commencèrent donc à développer une idée plus globale. Ils voulaient préserver leur style de vie nomade et, quoi de mieux pour y parvenir que de partir en tournée avec un cirque qui avait le potentiel de remporter beaucoup d'argent ?

Laliberté était fasciné par les bohémiens. Il aimait leurs traditions et l'idée de gagner sa vie en divertissant les gens. Ils dansaient, chantaient et jouaient des instruments de musique. Laliberté voulait vivre comme ça, mais en voyant plus grand. Il ne voulait pas se limiter à la danse, à la musique et à la chanson. Il voulait plus d'amuseurs publics. Même si le manque d'argent posait problème, il ne lâchait rien. Il cultivait une forme d'altruisme désintéressé, assez courageux pour maintenir le cap vers son rêve, un rêve que ses propres amis considéraient, à ce moment-là, complètement fou.

« Beaucoup de gens n'y croyaient pas, selon Stéphane Boyer. Ils n'imaginaient pas que Guy allait réussir parce que tout ça était encore très abstrait pour eux. Quand Guy parlait de sa vision du monde, les gens pensaient qu'il était dingue, qu'il disait des conneries ! En fait, je dirais qu'il y avait très peu de gens qui croyaient en lui au tout début. Ils le voyaient comme un amuseur public qui aimait penser qu'il pouvait accomplir de grandes choses, mais il y avait peu de chance que ça arrive. Vous connaissez beaucoup d'interprètes de rue qui sont devenus extrêmement riches ? ». Tout est dit !

4 Selon Jacques Robert, qui a travaillé toute sa vie dans l'univers circassien en tant que technicien, Laliberté est loin d'être le premier à
avoir tenté de ressusciter l'attrait du cirque. « Tant d'individus ont
essayé d'y parvenir avant Guy, sans succès. Je suis sûr qu'il serait le
premier à l'admettre. Il a laissé d'autres personnes se lancer avant lui, les a vues chuter
et a appris de leurs erreurs. En fait, c'est une stratégie commerciale très intelligente.
Parmi les gens qui ont le mieux réussi, nombreux sont ceux qui ont agi de la même
manière. Il y a beaucoup moins de risque. »

Convaincu que tout échec est porteur d'enseignements, Laliberté a toujours veillé
à tirer les leçons des erreurs des autres. C'est par exemple en suivant avec attention
les revers subis par Le Cirque de Michel Laurin qu'il apprit comment surmonter les
obstacles qui l'attendaient sur la route tumultueuse du succès.

L'année 1984 fut déterminante pour Laliberté. Alors qu'il s'était progressivement
taillé une réputation dans le monde des arts de la scène, chacun reconnaissant
volontiers son dynamisme ainsi que ses qualités de fin négociateur en affaires, Guy
eut à faire face à l'un des plus grands défis de sa carrière.

Pour commémorer le 450ème anniversaire de la découverte du Canada par
l'explorateur français Jacques Cartier, le Québec prévoyait d'organiser d'importantes
célébrations. Des millions de personnes venant du monde entier pour assister aux
soixante-trois jours de festivités étaient attendues dans la « Belle Province » qui se
préparait à vivre le plus grand événement de son histoire depuis les Jeux Olympiques
de 1976. Si ces Jeux avaient apporté une visibilité mondiale à Montréal, ils avaient

également laissé à la ville et à la province un énorme déficit à éponger. Cette fois, les organisateurs de l'événement firent preuve d'une plus grande rigueur, contrôlant le moindre sou d'un budget s'élevant à plusieurs millions de dollars.

Laliberté, Robert Lagueux et le reste de la troupe du Club des Talons Hauts comprirent qu'il y avait là une opportunité inespérée de propulser leur entreprise à un niveau supérieur. Le gouvernement du Québec annonçait en effet qu'un financement spécial serait attribué aux groupes d'arts qui feraient des représentations à l'occasion des célébrations. Néanmoins, des obstacles majeurs se dressèrent en travers de leur route. Certes, l'organisateur des célébrations du 450ème anniversaire, Gilles Loiselle, un visionnaire muni d'un large réseau de contacts, appuya Laliberté et Lagueux. Il avait suivi le succès de leur spectacle d'été, *La Fête Foraine*, et pensait que ce concept original gagnerait le cœur de tous les Québécois. Toutefois, le ministre de la Culture du Québec, Clément Richard, avait une opinion différente. Il était défavorable à leur candidature parce qu'il n'était pas convaincu que les Québécois apprécieraient un numéro aussi atypique. Il expliqua qu'ils étaient trop différents, trop « hors norme », et qu'il recherchait plutôt des individus doués d'un talent unique.

Laliberté refusa cependant d'abandonner. Il appela tous les politiciens et les hommes d'affaires qu'il connaissait, les priant de faire pression sur le gouvernement afin qu'il reconsidère sa candidature. Chose incroyable, la seule oreille compatissante qu'il trouva fut celle de l'homme le plus puissant du Québec, le premier ministre René Lévesque.

Lévesque a certainement été l'un des politiciens les plus charismatiques et les plus aimés de la province. Il a sans doute marqué à jamais la mémoire collective québécoise avec cette phrase inoubliable, lancée à l'occasion de son discours d'investiture suite aux élections de 1976 : « Je n'ai jamais pensé que je pourrais être aussi fier d'être Québécois ». En plus d'avoir été un politicien hors pair, Lévesque avait la réputation de pouvoir charmer et impressionner les femmes mieux que quiconque ; un trait de caractère partagé avec Laliberté, qui deviendrait plus tard l'un des play-boys les plus connus de la planète. Cette particularité a souvent mis Lévesque en difficulté   vis-à-vis de ses collègues politiciens et du public, inquiets de le voir passer plus de temps à inviter la gente féminine au restaurant qu'à diriger la province. En février 1977, cela faillit même lui coûter sa carrière politique : alors qu'il était au volant de sa voiture accompagné de sa maîtresse, Corinne Côté, Lévesque renversa et tua un sans-abri qui s'était couché sur la route. Son mariage ne survécut pas à ce tragique accident. Jusqu'à ce jour, la plupart des gens croient que Lévesque conduisait en état d'ébriété.

Lévesque était donc connu pour avoir l'œil égrillard, à une époque où les leaders politiques en fonction pouvaient encore bénéficier du "traitement Monica Lewinsky" dans le dos de leur épouse sans être inquiétés. Son goût prononcé pour les belles jeunes femmes fut probablement ce qui conclut l'affaire pour Laliberté.

Quelques années avant qu'il ne devienne premier ministre du Québec, Lévesque avait rencontré une petite brune stupéfiante qui exécutait un numéro de trampoline dans les rues du Vieux-Montréal. Il était resté là, à l'observer pendant plus de quatre-vingt-dix minutes, totalement hypnotisé par sa performance. Après avoir finalement rassemblé son courage pour se présenter à elle, il l'avait invité à souper. Elle avait accepté. L'artiste de trampoline, prénommée Amadou, était immédiatement tombée amoureuse de Lévesque. Leur soirée s'était achevée dans la chambre d'un hôtel modeste du Vieux-Montréal, qu'ils n'avaient quittée qu'après 48 heures. Leur liaison clandestine durerait plusieurs années. Même après avoir mis fin à leur aventure, ils étaient restés, jusqu'au décès de Lévesque en novembre 1987, des amis intimes.

Amadou procurait à René l'amour et l'excitation qui lui avaient tant manqué au cours de ses trente années de mariage avec Louise L'Heureux, au cours desquelles ils avaient eu deux fils et une fille. Elle raconte qu'elle rencontrait Lévesque au moins une fois par semaine, dans son appartement de la rue Panet, dans l'est de Montréal. Elle se rappelle qu'un 8 novembre, jour de son anniversaire, René s'était présenté chez elle à 6h du matin avec son gâteau préféré, un fondant au rhum et aux bananes. Il avait apporté des bougies magiques, des chandelles et une bouteille de Dom Pérignon. Elle se souvient le moment où Lévesque avait introduit une part de gâteau dans sa bouche, après lui avoir fait l'amour sur la peau d'ours polaire blanche disposée au milieu du plancher du salon. C'est là un de ses souvenirs les plus marquants, confie-t-elle.

« À chaque fois que "mon petit trésor" – surnom qu'elle donnait à Lévesque – et moi étions ensemble, nos vêtements ne restaient pas très longtemps en place, me raconta Amadou lors de sa première entrevue au sujet des jeux amoureux qu'elle entretenait avec Lévesque. Nous aimions être nus. René et moi étions passionnés par plusieurs sujets similaires. Nous aimions tous les deux croquer la vie à pleines dents, quelles qu'en soient les conséquences. Je savais qu'il était marié mais ça ne me gênait pas. À cette époque, tout le monde couchait avec tout le monde. Le mariage ne consistait qu'à acheter une bague et avoir des enfants. »

« René était obsédé par moi parce qu'il aimait le sexe et l'excentricité. J'étais par-faite pour lui car je lui permettais de vivre de nouvelles expériences sexuelles. En fait, nous avons essayé des choses que nous n'avions jamais expérimentées auparavant. Pour un homme dans la soixantaine, René se débrouillait comme un vrai lion. Il savait que je voyais d'autres hommes en même temps que lui, mais ça ne le dérangeait pas non plus. Comment aurait-il pu en être autrement ? Je suis certaine que, de son côté, il entretenait des relations avec au moins quatre autres femmes. Tout cela se déroulait à une époque où nous n'avions encore jamais entendu parler du SIDA, donc personne ne s'en préoccupait. En fait, c'était très excitant. »

Lorsque Lévesque fut sollicité concernant la candidature de Laliberté pour les célébrations du 450ᵉᵐᵉ anniversaire, il contacta immédiatement Amadou pour lui demander son avis. Heureusement pour Guy, Amadou avait couché avec plusieurs membres de sa troupe tout en fréquentant le Premier ministre. De plus, elle soutenait avec force le travail que Laliberté tentait de réaliser artistiquement. Elle dit donc à Lévesque qu'il serait fou de ne pas appuyer un concept aussi original et que le cirque de Laliberté serait l'attraction la plus dynamique et la plus populaire du festival. La prévision d'Amadou ne pouvait s'avérer plus juste. Lévesque donna son accord. Disposant d'une bourse de 1,4 millions de dollars, la troupe de Laliberté, désormais baptisée Cirque du Soleil, allait pouvoir présenter son spectacle dans onze villes différentes du Québec.

L'ex-maîtresse de Lévesque affirme que le premier ministre voyait le Cirque comme une expérience qui lui permettrait de prouver au Canada et au monde entier que le Québec pouvait être indépendant sans l'aide du gouvernement fédéral. « Il aimait le côté visionnaire de Laliberté et il a voulu démontrer qu'un groupe de jeunes radicaux québécois pouvaient partir à la conquête du monde sans le soutien du Canada, et que si le Cirque du Soleil y parvenait, alors le Québec en tant que pays souverain pourrait survivre sans peine sans le Canada. »

Malheureusement pour René Lévesque, il perdit les élections de 1985 au profit de Robert Bourassa. « S'il les avait remportées, le Québec serait sans aucun doute souverain aujourd'hui, pense-t-elle encore. Avec le succès du Cirque, Lévesque possédait désormais les arguments qu'il lui fallait pour convaincre qu'il était possible pour le Québec d'être un état indépendant fort. »

Laliberté a toujours maintenu qu'il avait appelé sa compagnie le Cirque du Soleil parce que l'inspiration lui vient surtout lorsque le soleil brille. « Guy adore le soleil comme si c'était son dieu, affirme un employé de longue date du Cirque. Lorsque l'astre de lumière inonde la Terre de ses rayons, Guy aime à s'en imprégner complètement. Cela lui permet de se sentir bien et de faire ressortir son esprit créatif. Certaines de ses meilleures idées ont été conçues à la lueur d'un chaud soleil d'été. C'est comme s'il ne vivait que pour se promener le torse nu, bronzé et en sandales. Je l'ai connu pendant des années et c'est comme ça qu'il est vraiment. Peu importe combien d'argent il gagne, je sais pertinemment que c'est la façon dont il aime vivre sa vie. Cela lui permet de se sentir totalement libre et en sécurité. »

Après avoir célébré l'obtention incroyable d'un financement public pour leur spectacle, Laliberté et Lagueux se mirent rapidement au travail. Leur première tâche fut de réunir une équipe talentueuse. Ils embauchèrent le directeur technique québécois Guy St-Amour, le régisseur Jean David, et confièrent à Daniel Gauthier la responsabilité des finances. Laliberté prit le titre de directeur, Lagueux fut nommé responsable du marketing et Gilles Ste-Croix réalisateur.

« C'était une équipe très soudée, indique un ancien dirigeant du Cirque du Soleil. Guy veillait à ce que tout le monde soit bien traité et à ce que la structure soit solide comme un roc. Certes, il y a eu des problèmes en cours de route et parfois même des tensions. Mais ils savaient les résoudre en coulisses, ce qui a constitué la clé du bon fonctionnement de ce projet. »

Avant même que la première représentation n'ait lieu, Laliberté et ses compagnons durent faire face à un incident imprévu. Les répétitions se déroulaient à Sainte-Thérèse, une petite ville au nord de Montréal. Un jour de forte averse, leur tente, que Laliberté avait fait fabriquer en Italie, fut sévèrement endommagée. Voyant qu'elle ne pourrait en aucune façon être prête pour la soirée de première, ils décidèrent alors d'utiliser une autre tente, fournie par le gouvernement fédéral. C'était une option que Laliberté avait tenté d'éviter à tout prix. La dernière chose dont il avait besoin était en effet que ses premières représentations, prévues à Gaspé, alors bastion des nationalistes francophones, aient lieu sous une tente arborant le drapeau canadien. Laliberté et son personnel étaient inquiets.

« Pouvez-vous imaginer qu'après tout ce dur labeur, il leur a été impossible d'installer leur chapiteau pour la soirée de première ? Rien ne pouvait être pire », affirme Paul Lemieux, un artisan québécois qui a suivi le Cirque en tournée pendant des années, vendant des bijoux confectionnés à la main à la sortie des spectacles. « Je suis sûr que beaucoup d'artistes étaient furieux. À cette époque, rares étaient les membres du Cirque qui devaient chérir le rouge et le blanc – les couleurs du drapeau canadien. Ils préféraient le bleu et le blanc – les couleurs du drapeau du Québec. »

Les artistes se plaignirent des longues heures de travail et des bas salaires, un traitement pour lequel Laliberté devint connu au fil du temps. « C'était comme dans un camp d'entraînement de l'armée, se rappelle un ancien membre du Cirque. Puisque nous n'avions pas beaucoup de ressources à l'époque, nous devions tout faire en fonction d'un budget serré. Les artistes, l'équipe et même les personnes chargées de la réalisation du spectacle étaient souvent réduits aux larmes. C'était extrêmement stressant et épuisant émotionnellement. »

Finalement, le premier spectacle eut bien lieu le 16 juin 1984, dans la majestueuse région de Gaspé. Ce jour-là, Laliberté demanda à un groupe de clowns, d'acrobates et de musiciens de parader dans la petite ville en criant : « Le cirque est en ville, le cirque est en ville ! ». Cette pratique, qui s'est avérée très efficace pour le Cirque à ses tout débuts, s'inspirait directement des ventes à la criée, répandues par le passé dans les villes et les villages.

En dépit de nombreux problèmes techniques, la soirée de première eut un succès retentissant. Le Cirque commença alors à acquérir une réelle notoriété à travers tout le Québec. Dans ce contexte, Laliberté dut faire face à un problème de taille : il n'y avait pas assez de billets à vendre. La tournée de la troupe, qui devait traverser onze villes en l'espace de onze semaines, attira plus de trente mille spectateurs. Il arrivait souvent que plus de cinq mille personnes fassent la queue alors que seulement huit cents places étaient disponibles. Chaque soir, le Cirque offrait un spectacle différent, conformément au souhait de Laliberté. Ce dernier ne voulait pas produire un show dans lequel les artistes interprèteraient leur numéro comme des robots. Il désirait au contraire que le spectacle se renouvelle en permanence, par l'introduction de nouvelles séquences à l'occasion de chaque représentation.

Au cours de cet été 1984 riche en événements – en plus des célébrations du 450ème anniversaire, Michael Jackson donna un concert au Stade Olympique de Montréal –, Laliberté vit finalement son rêve se concrétiser. Avant la fin de la période estivale, le Cirque du Soleil était devenu célèbre dans tout le Québec. C'était de loin le spectacle le plus réussi de l'ensemble des festivités. Guy sortit de cette expérience plus convaincu que jamais que son projet était promis à un brillant avenir. Pour lui, la question était désormais de savoir comment accéder à une renommée dépassant les simples frontières de la « Belle Province ».

5 Au début de l'année 1985, Laliberté réfléchissait à la meilleure façon de développer son entreprise et de toucher un plus large public. Il était résolu à percer au Canada anglais. Problème de taille, l'aide financière versée par le gouvernement québécois à l'occasion des célébrations du 450ème anniversaire était épuisée. Il décida de se tourner à nouveau vers son plus grand allié : le premier ministre René Lévesque.

Laliberté attribue en grande partie la réussite du Cirque du Soleil au soutien de René Lévesque. Sans ses efforts pour aider la troupe à obtenir des subventions lorsqu'elle essayait de se faire une place dans le monde du spectacle au Québec, le Cirque n'existerait probablement plus à l'heure qu'il est. « Sans Lévesque, il n'y aurait pas de Cirque, confirme un des proches amis de Laliberté. Guy lui est vraiment reconnaissant pour ça. Il a souvent répété que sans son enthousiasme, il serait encore en train de jouer dans la rue. »

Si René Levesque restera un personnage culte aux yeux des membres du Cirque du Soleil en raison de son rôle déterminant, ils éprouvent en revanche un profond ressentiment à l'égard d'une autre légende de la politique québécoise, le premier ministre du Parti libéral Robert Bourassa. Selon un ancien cadre de l'entreprise, Bourassa a fait tout ce qui était en son pouvoir pour rendre la vie difficile au Cirque après qu'il ait été élu pour la deuxième fois de sa carrière à la tête de l'exécutif québécois en décembre 1985, évinçant son rival péquiste René Levesque. Selon cette source, « il a continuellement menacé d'augmenter les taxes et de rendre plus stricte la réglementation en vigueur concernant les groupes artistiques qui réussissaient, comme le Cirque du Soleil. Il craignait que nous ne devenions une menace politique pour lui ». Contrairement à Lévesque, Robert Bourassa n'était pas très sensible à l'art et il n'était pas prêt à prendre le risque d'une désapprobation publique pour avoir dépensé l'argent du contribuable en soutenant des artistes. « Bourassa, poursuit l'ancien dirigeant, n'a pas tenu sa promesse de continuer à nous aider. Il nous a trahis ! ». Ironie du sort, lorsqu'il avait perdu contre René Lévesque en 1976, lors de ce qui restera la défaite politique la plus embarrassante de l'histoire de la province, Bourassa avait été décrit par un collègue du Parti libéral comme étant « l'homme le plus détesté au Québec ».

« Il n'était pas seulement l'homme le plus détesté au Québec, insiste l'ancien collaborateur de Laliberté, c'était aussi l'être le plus fourbe sur terre ! Bien sûr, il avait une dent contre le Cirque car la plupart de ceux qui en sont à l'origine étaient d'ardents séparatistes. Lorsque nous avons signé nos premiers succès, Bourassa a tout fait pour nous compliquer l'existence et nous décrédibiliser car il nous craignait. Il était extrêmement jaloux de la popularité que Lévesque avait auprès de nous. L'un de mes amis, qui connaissait bien l'ancien Premier ministre libéral, affirme qu'il disait que nous étions "une bande de communistes drogués" et que nous étions "plus dangereux que le Front de Libération du Québec". La plupart des gens du Cirque priaient pour qu'il disparaisse. On savait qu'il avait l'intention de nous ruiner de manière très subtile. Il a fait semblant de nous soutenir mais la vérité, c'est que c'était notre pire ennemi. »

« Guy s'est lié d'amitié avec tous les gens du cercle intime de Lévesque, raconte un ancien dirigeant du Cirque du Soleil. Il était passé maître dans l'art du réseautage. Il offrait des places aux leaders d'opinion, à ceux qui pourraient, dans le futur, donner un coup de pouce à ses projets. Il les traitait comme des rois. Il savait que, tôt ou tard, ce serait bénéfique. Et il a eu raison. Le gouvernement aurait été complètement inconscient de ne pas soutenir son cirque. Rien ne pouvait apporter autant de visibilité au Québec tout entier. »

Au tout début, les journalistes ne cessaient de demander à Laliberté pourquoi le Cirque du Soleil n'avait pas d'animaux. Chaque fois, il leur répondait la même chose : « Nous préférons employer un groupe d'acrobates canadiens plutôt qu'un groupe d'éléphants américains. »

Les défenseurs des droits des animaux du monde entier le félicitèrent pour ce choix. De nombreux documents circulaient depuis longtemps sur la cruauté avec laquelle les animaux de cirque étaient traités lors de leur dressage. Le Cirque du Soleil offrait là une bouffée d'air frais face à un public de plus en plus mal à l'aise de voir de pauvres bêtes maltraitées simplement pour le divertir.

Les gens avaient l'impression que le Cirque du Soleil innovait. Mais ils se trompaient lourdement. L'art du Nouveau Cirque, dépourvu de spectacles animaliers, était apparu dans les années 1970, simultanément en France, en Australie, sur la côte Ouest des États-Unis et au Royaume-Uni. Il faisait, en revanche, la part belle aux jongleurs, aux acrobates, aux trapézistes et aux musiciens pour divertir ou raconter une histoire thématique. Des douzaines de cirques de ce genre avaient vu le jour un peu partout, et ce bien avant que Guy Laliberté et sa troupe ne débarquent. Oz Circus, en Australie et The Pickle Family Circus, à San Francisco, étaient précurseurs du Cirque du Soleil. Mais la différence, c'est qu'ils ne pouvaient pas compter sur un homme d'affaires de la trempe de Guy Laliberté pour les faire connaître.

« Nous étions des artistes avant tout », note Ellen Goodis, une ancienne du Cirque Oz où elle jonglait et jouait occasionnellement les acrobates. Goodis, qui travaille aujourd'hui comme consultante « Forme et Santé » à New York, fut stupéfaite par la place réservée au Cirque du Soleil dans les médias. « Avec tout le respect que je leur dois, ils n'ont pas réinventé la roue. Bien des cirques dans le monde avaient déjà cessé d'avoir recours aux animaux. Je n'ai jamais vraiment compris la raison de toute cette agitation. Beaucoup d'argent a du être dépensé en frais de marketing. J'ai toujours trouvé ça injuste qu'il ait été érigé "premier cirque à ne pas utiliser des animaux", alors que tant d'autres avant lui fonctionnaient déjà comme ça depuis des années. »

Laliberté n'a jamais prétendu qu'il ne voulait pas d'animaux dans ses spectacles pour préserver leur bien-être. Comme la plupart des propriétaires de nouveaux cirques, il a même admis que c'est surtout pour le bien-être des finances de l'entreprise qu'il a décidé de s'en passer.

« C'était bien plus rentable de n'employer que des humains, ne cache pas Goodis, je ne pense pas que Laliberté, ou qui que ce soit d'autre, se soit vraiment ému des conditions atroces auxquelles les animaux avaient été confrontés durant tant d'années dans les cirques traditionnels. En fait, avec le recul, je me dis que plusieurs artistes ont probablement été encore moins bien traités dans ce genre d'établissements. Qui aurait pu se douter d'une chose pareille ? »

À mesure que le Cirque prospérait, Laliberté comptait de plus en plus sur Daniel Gauthier, au point de lui confier la responsabilité de gérer les finances. L'histoire des deux hommes remontait à l'enfance. Gautier est né le 5 septembre 1958. Ils avaient été ensemble à l'école primaire de Saint-Bruno, leur ville natale, en banlieue de la rive sud de l'île Montréal. Bien que bel homme, Gauthier n'était pas quelqu'un de très distingué. Avec ses cheveux longs et son apparence négligée, il avait davantage le look d'un des machinistes itinérants des Beatles que celui d'un comptable. Il portait une barbe naissante et s'habillait de manière décontractée, du genre vieux jeans et chemise mal ajustée. Il revenait toujours sur le même sujet comment gagner de l'argent avec le

Cirque du Soleil. Il lui fallut des années pour trouver la bonne réponse. Mais Laliberté savait être patient, avec Gauthier, mais aussi avec toutes les personnes qu'il avait placées à des postes stratégiques pour l'aider à gérer son entreprise.

En 1981, Gauthier s'était lié d'amitié avec Gilles Ste-Croix qu'il avait rencontré sur les marches de l'auberge de jeunesse de Baie-Saint-Paul. Ils avaient longuement discuté de Guy Laliberté et de l'essor artistique de la petite ville. Ça avait été le début d'une relation d'affaires triangulaire, teintée d'amour et de haine.

« Sans Gauthier, je ne pense pas que le Cirque du Soleil aurait pu survivre, assure un ancien dirigeant de la structure. Guy était un idéaliste qui voulait partir à la conquête du monde. Les premiers jours, il buvait du champagne alors que son budget ne lui permettait d'acheter que de la bière. C'était comme ça qu'il aimait vivre. Gauthier, lui, c'était tout l'inverse. Il était beaucoup moins extravagant et rappelait souvent Guy à la raison, lui qui aimait dépenser de l'argent comme s'il n'y avait pas de lendemain. »

Gauthier était très doué pour les chiffres. Il maîtrisait les règles économiques mieux que personne dans l'entourage de Laliberté. Il était aussi le seul, à cette époque, à savoir utiliser un ordinateur. Il passait parfois des heures à travailler méticuleusement sur le bilan du Cirque. La clé de la réussite en affaires, selon Daniel Gauthier, c'était de ne jamais dépenser ce que l'on n'avait pas. Or Laliberté faisait tout le contraire, ce qui se traduisait quotidiennement par des engueulades à propos de ses dépenses excessives. Aujourd'hui, plusieurs pensent que si le Cirque du Soleil a fonctionné, c'est en grande partie grâce aux capacités d'analyse et d'exécution de Gauthier.

« C'était un festival de feux d'artifices entre les deux, confirme un ancien dirigeant du Cirque. Ils fonctionnaient comme une automobile. Guy, c'était le carburant et Daniel, les freins. Mais sans lui, je ne pense pas que Guy serait allé bien loin. Beaucoup de chefs d'entreprise ont de grandes idées, de beaux projets révolutionnaires, mais ils ne savent pas gérer les choses correctement et se retrouvent en faillite. Daniel passait son temps à sauver le Cirque du Soleil du désastre financier. Ils étaient comme deux jeunes gamins innocents, sans autres préoccupations que de s'amuser et de vivre leurs rêves. Je me souviens d'eux, dans leur minuscule bureau au démarrage. C'était génial de voir deux jeunes Québécois aussi passionnés, aussi déterminés à atteindre leurs objectifs. C'est la première fois que j'étais en présence d'une telle énergie. Et je ne pense pas avoir un jour l'occasion de rencontrer à nouveau deux types pareils. Ils étaient vraiment uniques. »

Pour lancer le Cirque au Canada anglais et donner envie aux gens d'acheter un billet, Laliberté demanda à Jean David, son régisseur, d'accorder une longue entrevue à la radio nationale de CBC. Seul souci David était à peine capable de dire « Happy

Birthday » en anglais, alors imaginez une interview ! Fort heureusement, l'animateur s'adapta à l'anglais très limité de Jean David et il tourna même la situation à la rigolade. Ce fut un vrai succès ! Avec son anglais rudimentaire et saccadé, David s'était attiré la sympathie des milliers d'auditeurs de la radio anglaise. La carrière du Cirque s'apprêtait à faire des vagues à travers tout le pays.

Entre-temps, les répétitions s'intensifiaient. La fatigue se faisait sentir chez les interprètes qui commençaient à montrer des signes de mécontentement face aux longues heures de travail imposées par Laliberté pour un maigre salaire en retour. Les vétérans du Cirque n'étaient pas très enthousiastes à l'idée de partir en tournée à travers tout le pays. Pour eux, tout cela devenait beaucoup trop intense.

Parallèlement, le Cirque était rongé par la dépendance à la drogue de plusieurs de ses meilleurs interprètes. Et on ne parlait pas seulement d'alcool ou de cannabis. L'abus de drogues dures s'était banalisé, qu'il s'agisse de cocaïne, d'héroïne ou de LSD. Mais Laliberté, qui n'ignorait rien de ce qui se passait dans son cirque, fermait les yeux. Il assistait aux répétitions sans laisser apparaître la moindre émotion et donnait ses commentaires par la suite. Il était capable de revenir pendant deux heures sur une scène qui ne durait que cinq minutes, trois heures si le sujet était digne d'analyse, tout cela en sachant pertinemment que la moitié de son équipe était en manque. Il ne voulait rien savoir. Lui-même n'était pas particulièrement un ange. Il fumait de l'herbe et snifait occasionnellement une ligne de coke. Au cours des années qui suivraient, son addiction aux substances illicites irait en s'intensifiant, des habitudes qui concerneraient d'ailleurs de nombreuses personnes impliquées dans le développement du Cirque du Soleil.

« C'est étonnant qu'aucun interprète ne se soit évanoui ou ne soit mort au cours d'une représentation », m'a confié un ancien clown du Cirque qui a souhaité être identifié sous le nom de "Jacques". « La poudre blanche et la poudre brune se trouvaient en abondance sur le site. J'en ai vu se faire des injections, snifer ou fumer carrément à l'intérieur du Cirque. J'en ai moi-même franchement abusé. Chaque jour, dans la salle de bain, je me mettais plusieurs lignes de coke dans le nez avant le début de la répétition. C'est incroyable que je sois encore en vie. C'est incroyable que nous soyons tous vivants à l'heure qu'il est ! On se chargeait autant que l'on s'entraînait. On en avait besoin pour continuer. Vous savez, la vie n'était pas très glamour au Cirque du Soleil. On travaillait dur, et la drogue nous permettait de nous évader un peu. »

Lorsque la tournée au Canada anglais débuta, une démotivation que personne ne pouvait expliquer se faisait ressentir au sein de l'équipe. La créativité marketing et la détermination de fer de Laliberté et de Gauthier permirent toutefois de compenser le manque d'excitation.

Les spectateurs du Canada anglais ne connaissaient aucun interprète du Cirque. Ce fut Gilles Ste-Croix, dansant le tango sur ses échasses, qui eut le plus de succès. Mais les autres performances artistiques parvinrent également à impressionner le public. Guy Laliberté venait d'embaucher Franco Dragone pour monter le spectacle en seulement quinze jours. Sans même le connaître, il lui fit une confiance aveugle, suivant la recommandation de Guy Caron, le fondateur de l'École du Cirque de Montréal avec lequel il collaborait étroitement. Dragone, qui avait brillé en Europe, promettait d'être un atout de plus pour le Cirque. Ce fut un bon choix.

La majeure partie des jeunes recrues québécoises sortaient de l'école de cirque de Caron, qui était une alternative au programme d'enseignement classique. En 1974, Guy Caron était parti étudier dans l'une des meilleures écoles de cirque du monde, à Budapest. Il avait pris la peine de noter toutes les raisons pour lesquelles l'établissement fonctionnait. D'autres interprètes du Cirque du Soleil s'étaient inscrits à la même école au même moment, dont ceux qui deviendraient les deux clowns les plus populaires de l'histoire de la troupe, Rodrigue Tremblay, plus connu sous le nom de "Chocolat", et Sonia Côté, l'adorable clown "Chatouille". Pendant deux ans, ils avaient appris en Hongrie l'art du cirque et les subtilités du langage corporel, indispensable pour qu'un clown ait du succès. Mais ils avaient aussi appris à jongler, à jouer des instruments de musique, à chanter et à marcher sur une corde raide.

« Là-bas, les clowns n'étaient pas censés être drôles. Ça s'est avéré être un apprentissage très enrichissant, dit Caron quelques années plus tard. Une chose est sûre, les racines du Cirque du Soleil viennent de Budapest. On a assimilé ça tous les trois et on a pu transmettre et partager notre expérience avec les interprètes qui ont intégré le Cirque. »

Guy Laliberté profita de l'impulsion artistique de Caron. Il pouvait compter sur lui pour préparer les futurs talents qui intégreraient bientôt les spectacles du Cirque. Lorsqu'il lui recommandait l'un de ses élèves, Laliberté l'accueillait les yeux fermés.

Le coup d'envoi de la tournée canadienne, qui devait durer un mois, fut donné à Montréal à la mi-mai, avant de se déplacer à Sherbrooke (Québec), à Ottawa, à Toronto, et aux chutes du Niagara (Ontario). Mais le Cirque ne parvint pas à attirer autant de monde qu'à domicile. Plusieurs des spectacles furent donnés devant des salles à moitié vides. Laliberté réalisa qu'il n'avait peut-être pas fait assez de marketing cette fois-ci. Même s'il pouvait compter sur Gilles Ste-Croix pour parader sur des échasses dans chaque ville le jour du spectacle, cela ne suffisait pas. Laliberté perdit rapidement de l'argent. Il aurait facilement pu abandonner et renoncer au reste de la tournée après la déception d'Ottawa mais, certain que cela serait une mauvaise publicité et hypothèquerait ses chances de conquérir le Canada anglais, il préféra aller de l'avant.

Il y eut quand même des aspects positifs à retenir de cette tournée. Par exemple, le maître de cérémonie, Michel Barrette, enchanta les spectateurs anglophones qui semblaient vibrer au son de son accent français. Cela dit, même si les Anglais apprécièrent globalement le spectacle, la tournée fut entachée par quelques manifestations hostiles à l'égard de plusieurs artistes québécois francophones tels que les Stagiaires, Chatouille, "La Ratatouille" ou encore Denis Lacombe. Des artistes qui auraient tout sacrifié pour que le Québec devienne indépendant du Canada.

« Pas mal de gens se sentaient offensés par les francophones du Québec parce qu'ils essayaient de se séparer de notre pays », expliquait le journaliste Ted Blackman – aujourd'hui décédé – qui avait assisté aux spectacles de Montréal et d'Ottawa. « Franchement, je m'en fichais. Moi, je venais seulement pour assister à un bon divertissement, et en l'occurrence, ce fut le cas. Mais s'ils avaient fait plus d'efforts pour intégrer l'anglais dès la création du Cirque, ils auraient certainement eu plus de succès. L'un de mes amis était allé les voir à Toronto et m'a raconté que des gens dans la foule criaient « enculés de séparatistes "ou encore" rentrez chez vous ! «. Le Parti Québécois était, à ce moment-là, plus déterminé que jamais à se battre pour l'autonomie de la province, alors ce n'était pas le meilleur moment pour qu'une compagnie francophone essaie de conquérir le Canada anglais. Il fallait en avoir pour oser faire ça ! »

Il est difficile d'estimer dans quelle mesure la propension de la troupe du Cirque du Soleil à faire la fête en marge des représentations a nui à cette première tournée canadienne. Une chose est sûre, c'est que la démotivation des employés du Cirque, notamment liée au fait qu'ils étaient mal payés, était palpable. Une partie des spectateurs repartirent déçus et les médias relayèrent l'information, égratignant au passage l'image de l'entreprise.

« Cette première grande tournée fut une véritable leçon pour Guy, admet un ancien membre du Cirque. Lorsqu'il est revenu à Montréal, il a réalisé qu'il était urgent d'effectuer des changements pour amener le Cirque du Soleil au sommet. Il avait pris conscience que certains membres de la troupe étaient plus enclins à faire la fête qu'à travailler. Tous, des artistes jusqu'à l'équipe technique, festoyaient bien plus qu'il ne pouvait être toléré. Ça pouvait tout simplement compromettre l'avenir. »

À l'issue de la tournée, les finances du Cirque étaient au plus bas. Même un nouveau « cadeau » du premier ministre du Québec René Lévesque, d'un montant de deux cent cinquante mille dollars, ne suffit pas à stabiliser la dette abyssale. Le déficit se chiffrait dorénavant à plus de sept cent cinquante mille dollars. Les choses commençaient vraiment à se compliquer.

Daniel Gauthier s'assit avec Guy autour d'une table afin d'établir un plan de sauvetage. Ils craignaient tous les deux que le Cirque ne soit placé en faillite s'ils ne parvenaient pas rapidement à redresser les comptes, car la banque commençait à faire pression pour qu'ils cessent de s'enfoncer dans le rouge. Ce fut à partir de ce moment qu'ils décidèrent de se tourner vers les milieux d'affaires. Ils furent aidés en cela par le magnat local de l'assurance, Claude Castonguay, qui leur ouvrit son carnet d'adresses dans lequel ils purent trouver les coordonnées de quelques-uns des hommes d'affaires les plus puissants de la province. Les deux collaborateurs en étaient pratiquement arrivés à devoir se mettre à genoux pour convaincre d'appuyer financièrement le Cirque du Soleil. Or, à leur grande surprise, les investisseurs répondirent présents et firent même la queue pour participer au financement.

Laliberté et Gauthier étaient doués pour capter l'attention de leurs interlocuteurs. Ils conseillaient souvent leurs investisseurs, quand ils devenaient des amis intimes, pour les aider à régler leurs problèmes personnels.

« Guy et Daniel étaient deux des personnes les plus appréciées et les plus respectées à Montréal, révèle l'homme d'affaires Allan Fortin. Même lorsqu'ils étaient endettés jusqu'au cou, les gens continuaient à vouloir faire affaires avec eux. Ce qu'ils faisaient était tellement cool ! Guy était un peu petit, mais il avait de bonnes manières. C'est l'une des rares personnes qui a la classe dans le monde du spectacle. »

Tous les gens interviewés dans le cadre de ce livre conviennent qu'ils ont été avant tout attirés par le grand esprit de Guy Laliberté et qu'il a également beaucoup de goût.

« Une chose est sûre, c'est qu'il n'a jamais épargné aucun effort pour tenter de sauver un centime, dit Fortin. Il faisait, et fait encore, tout à l'extrême. Et s'il ne peut pas le faire à sa façon, alors il préfère ne pas le faire du tout. Les gens qui peuvent se permettre de vivre comme ça sont très peu nombreux. »

Le plus frappant lorsque l'on fouille dans le passé de Laliberté, c'est sa confiance en lui. Il est extrêmement rare de rencontrer ce genre de personnalité, pas seulement au Québec mais sur la planète entière. Il a montré à maintes reprises qu'il n'avait pas peur de prendre d'énormes risques et de perdre des paris.

« Dès son entrée dans les affaires, il a démontré qu'à chaque fois qu'il tomberait de vélo, il se remettrait immédiatement en selle et recommencerait à pédaler, assure Fortin. Alors que généralement, les gens tombent et ne se relèvent pas ; ils ont beaucoup trop peur de chuter à nouveau. »

Autre trait fort de sa personnalité, Laliberté s'est toujours obstiné à avancer à son propre rythme. De par son expérience et sa connaissance des arts de rue, il ne ressemblait à aucun autre dirigeant d'entreprise : il était atypique. Sa singularité et son excentricité sont d'ailleurs devenues légendaires.

« Il réfléchissait et abordait les choses de manière très peu conventionnelle, poursuit Fortin. Par exemple, son habitude de mélanger le travail et la fête était jugée très inappropriée. Mais Guy ne se souciait pas de ça. Le plus drôle, c'est qu'il ne s'en cachait même pas. Il couchait avec quelques unes des plus belles femmes de Montréal et n'hésitait pas à vous répondre franchement si vous lui demandiez de vous raconter qui elles étaient et comment il les avait rencontrées. Il était vraiment fier de son mode de vie. Pas mal de gens de son entourage ont d'ailleurs essayé de l'imiter. Mais au bout d'une semaine ou deux, ils n'en pouvaient plus, ils étaient complètement épuisés, tandis que lui ne montrait pas le moindre signe de fatigue. C'était tout bonnement ahurissant. »

Laliberté jonglait avec la vie mieux que n'importe lequel des jongleurs et des acrobates professionnels qu'il avait embauchés pour le Cirque. Il pouvait être gentil avec ses employés et extrêmement froid lorsqu'il l'estimait nécessaire. Il misait chaque jour un peu plus sur une glorieuse réussite. Ce n'est pas lui faire offense d'affirmer qu'il était motivé par l'argent et le pouvoir. Cette soif de réussite avait forcément des répercussions sur ses collègues du Cirque du Soleil avec lesquels il avait commencé dans la rue, sans le sou, quelques années plus tôt.

« Avec le temps, il était facile de voir à quel point la vision du Cirque changeait sans arrêt, dit Jacques. Ça devenait la vision de Guy. Je sais pertinemment que plusieurs artistes avec qui il avait débuté lorsqu'il faisait partie du Club des Talons Hauts et du festival de Baie-Saint-Paul n'étaient pas contents. À la base, il ne faut pas oublier qu'ils n'étaient qu'un groupe de hippies, socialistes à l'extrême. Cette volonté de transformer le Cirque en un gigantesque empire n'était pas très bien vue. Ils accusaient Guy d'être un dictateur, ce qu'il assumait assez bien je pense. Il fallait adhérer à sa façon de faire ou prendre la porte et s'en aller. »

Les efforts de Laliberté et de Gauthier commencèrent à donner des résultats en 1986, lorsque le Cirque décrocha plusieurs contrats importants. Vancouver se préparait à s'exhiber au monde entier en accueillant l'Exposition universelle. Le Cirque du Soleil faisait partie du petit groupe d'artistes du Québec invité à montrer leurs talents. Laliberté voulait assurer sur cette tournée et il confia de nouveau à Franco Dragone la supervision du spectacle. Il fut associé au costumier hors-pair qu'était Michel Crête afin de trouver un nouveau look au cirque, qui le distinguerait et le rendrait unique. Ensemble, ils créèrent *La Magie Continue*, un show avec une musique originale composée par René Dupéré, le musicien avec qui Laliberté s'était lié d'amitié à Baie-Saint-Paul et avec qui il allait collaborer les années suivantes.

« C'était le début de quelque chose de radicalement différent, de totalement nouveau, se souvient Jacques. Après avoir perdu autant d'argent l'année précédente, Guy avait décidé de prendre plus de risques au niveau artistique, quitte à renoncer au modèle de cirque de rue traditionnel pour se tourner vers un spectacle plus structuré, avec des costumes originaux et des musiques inattendues. Il fallait oser, mais je pense que vous ne trouverez personne aujourd'hui qui remettrait en cause la décision de Guy. Le Cirque du Soleil venait de trouver sa signature, qu'il affinerait au cours des vingt-cinq prochaines années. »

Ainsi fut lancée l'aventure de Guy Laliberté dans ce nouvel univers de performances artistiques postmodernes. Afin de s'assurer qu'il n'y aurait aucun problème technique, il envoya une équipe de techniciens à Vancouver un mois avant l'événement pour mettre toute la logistique en place. *La Magie Continue* présentait trente-cinq interprètes originaires du Québec mais aussi d'autres régions du monde, comme la France, le Cambodge, le Mexique et les Pays-Bas. Laliberté aimait embaucher des artistes étrangers pour deux raisons principales premièrement, ils étaient bon marché et, deuxièmement, ils apportaient de l'exotisme au Cirque. Une série de spectacles fut présentée en guise de répétitions dans le cadre du Festival du théâtre pour enfants de Vancouver, du 20 au 27 avril, avant de s'illustrer lors de l'Expo 86 du 1er au 11 mai. Le Cirque captiva les spectateurs venus d'un peu partout dans le monde et transcenda leur imagination. Une forte émotion se dégageait, marquant le début d'une nouvelle tournée canadienne qui, cette fois, serait réussie.

« Vancouver fut déterminant pour nous, dit Jacques. Si nous n'avions pas présenté un bon spectacle, le Cirque du Soleil aurait probablement dû cesser ses activités. Nous présentions un nouveau show, un nouveau concept. Si les critiques avaient été mauvaises, je ne pense pas que nous aurions pu survivre. C'était tout ou rien. »

À la différence de tous les autres cirques de la planète, le Cirque du Soleil ciblait un public aisé. Il y avait peu d'enfants dans les gradins. On y trouvait plutôt des adultes, âgés de 21 à 45 ans, avec un revenu assez élevé ; le genre de spectateurs qui ne se contentent pas d'acheter des billets mais qui achètent également des produits dérivés, ce qui se révèlera être une vraie mine d'or pour l'entreprise. Air Canada et les Croustilles Hostess devinrent rapidement partenaires d'un Cirque qui tenait à choisir les meilleures options pour en tirer le plus de profits possible.

Guy Laliberté aspirait à augmenter le nombre de représentations pour être encore plus exposé. Il avait passé tellement de temps à organiser, à gérer son entreprise, à mobiliser le public et à chercher des aides financières et des partenaires, qu'il en était arrivé à rêver de repasser de l'autre côté de la barrière et à redevenir le cracheur de feu reconnu qu'il était, l'un des meilleurs au monde. Il avait tout appris lors de son année à Hawaï – où c'est une tradition, notamment lors des légendaires fêtes Luaus.

Laliberté était toujours enthousiaste à l'idée d'amener ses projets à terme. Malgré son investissement dans les affaires, il continuait à s'entraîner régulièrement. Il n'éprouvait aucune anxiété parce qu'il savait que ses erreurs lui permettraient d'avancer encore plus loin. Il préférait vivre à fond.

« Rien ne pouvait l'arrêter, assure un ancien dirigeant du Cirque du Soleil. Il était déterminé à rendre les choses positives, peu importe la situation. Non seulement il était ambitieux, mais il était également très éveillé. Il respirait le succès. Pour lui, l'échec n'existait pas. »

6 Au cours des mois suivants, quand il ne répétait pas avec le Cirque, Laliberté, qui avoue aimer la musique forte car elle chasserait les démons de son esprit, passait son temps à écouter la stéréo à fond dans sa toute nouvelle Fuego. C'est à cette époque qu'est née sa passion pour les voitures de sport, qui déboucherait plus tard sur l'achat de multiples Ferrari, BMW et autres McLaren.

Alors que Gauthier travaillait nuit et jour pour tenter de remettre sur pied les finances du Cirque, Laliberté était quant à lui occupé à faire la fête en ville, accompagné chaque soir d'une jeune femme différente et de sa bande d'amis branchés de Montréal. Il dépensait des milliers de dollars chaque semaine, payant les repas, les boissons et les « pharmaceutiques » pour tout le monde, comme le raconte un ami intime.

« Guy est la personne la plus généreuse que j'ai rencontrée, affirme cet ami qui le connaît depuis vingt ans. À l'époque, il nous payait tout, à moi et à son entourage, afin que nous puissions prendre du bon temps. Si vous faisiez partie de son cercle intime, vous étiez assurés que les boissons, les femmes, la drogue et les repas dispendieux vous étaient offerts. Guy est quelqu'un qui aime rendre les autres heureux. »

Cette situation n'était pas du goût de Gauthier. Il appela son vieil ami Normand Latourelle, qui avait travaillé étroitement avec le Cirque à ses tout débuts. Latourelle était un homme diplomate et respectueux, un homme dont Gauthier était convaincu qu'il serait peut-être le seul à même de faire réfléchir Laliberté.

Selon le journaliste Jean Beaunoyer, Gauthier dit à Latourelle que Laliberté agissait comme un « délinquant », que son style de vie extravagant était l'une des principales raisons pour lesquelles le Cirque accumulait autant de dettes. La plupart de ses dépenses étaient en effet portées sur le compte de la compagnie.

« Les dépenses frivoles de Laliberté ont amené Gauthier au bord de la dépression nerveuse, indique un ancien dirigeant du Cirque. Guy vivait sa vie comme s'il était Howard Hughes. Il semblait croire que l'argent poussait dans les arbres. Il souhaitait absolument montrer à quel point il avait du pouvoir et de l'argent en le partageant avec les autres. Il y avait tant de parasites autour de lui qu'il accumulait des dépenses ridicules. Il ne disait jamais "non". Il traitait tous ses amis comme s'ils étaient ses enfants. Il avait à charge le mode de vie et les habitudes de tellement de personnes. »

Gilles Ste-Croix demeurait l'un des plus solides alliés de Laliberté et condamnait ceux qui parlaient dans son dos. Guy avait plus en commun avec lui qu'avec le reste des membres du Cirque. Ils étaient tous les deux des musiciens qui avaient parcouru beaucoup de chemin mais qui s'étaient juré de ne jamais oublier d'où ils venaient, la rue.

« Quelque soit le motif, il était impossible de les diviser, affirme un ancien dirigeant du Cirque. Même si leurs comportements respectifs étaient différents, ils avaient beaucoup en commun. Leurs valeurs étaient identiques : insouciance et intrépidité. Dès que l'un des deux tombait, l'autre était généralement là pour le relever. C'était une relation fascinante. Je ne pense pas avoir déjà rencontré deux personnes aussi dynamiques. Je crois qu'ils auraient été plus populaires que Laurel et Hardy, s'ils avaient vécu soixante ans plus tôt. »

À cette époque, Laliberté portait des pantalons si serrés qu'il aurait été possible de lire le braille à travers. C'était un dragueur incorrigible qui avait une façon extraordinaire de conquérir toutes les femmes sur lesquelles il avait posé le regard. Chaque soir, lorsque la nuit tombait à Montréal, Laliberté brillait de tous ses feux. Bien que l'on puisse penser que toutes ses expériences avec les femmes allaient finir par le lasser du sexe, c'était exactement le contraire qui se produisait. Sa conduite envers les dames était délicate et tendre, de sorte qu'elles pouvaient difficilement lui résister.

« Je ne désirais rien plus que de partir avec Guy, prendre un verre en écoutant sa jolie voix et me perdre dans l'infini de ses yeux profonds, dit une ancienne petite amie prénommée "Claire". À chaque fois que je le voyais, j'avais la chair de poule. Je savais qu'il couchait avec plusieurs autres femmes, mais ça n'avait pas d'importance. J'étais toute retournée en sa présence. »

Le monde de Laliberté changea radicalement vers la fin de l'année 1986, lorsqu'il tomba gravement malade. Son style de vie endiablé l'avait rattrapé : il avait une méningite. Il fut donc forcé de rester cloué au lit pendant plusieurs semaines.

Son absence plongea le Cirque dans le plus grand désarroi. Plus personne ne savait qui tenait les rênes. Était-ce Gauthier ? Était-ce Guy Caron ? Était-ce Normand Latourelle ? Ou bien était-ce Laliberté, même s'il ne serait pas présent pendant des semaines ? Le sentiment commença à se répandre qu'il y avait trop de chefs sous un même toit et que cela pourrait bien finir par tourner au vinaigre.

« Tout le monde voulait prendre l'affaire en main, affirme un ancien dirigeant du Cirque. Pendant l'absence de Guy, certaines personnes se sont empressées de s'installer aux commandes. C'était une situation très napoléonienne. Le problème, c'est que personne ne voulait admettre que même si Guy faisait la fête sans arrêt, personne d'autre que lui n'était en mesure d'assumer le rôle de chef d'équipe. Le reste du groupe constituait un bon personnel de soutien, mais personne n'était capable de diriger le Cirque comme Guy. C'était un vrai leader. »

Commençant à récupérer grâce à l'aide de quelques amis intimes qui jouaient les infirmières à ses côtés, Laliberté forma le vœu de retourner au Cirque avec des plans encore plus ambitieux que par le passé. La manière dont ses troupes semblaient résolues à prendre les commandes à sa place alors qu'il était malade le faisait sortir de ses gongs. Il se promit alors de revenir en force. Une fois rétabli, il organisa une réunion avec la branche exécutive du Cirque afin de définir une nouvelle stratégie qui, selon lui, garantirait que la compagnie devienne mondialement connue.

Laliberté planifiait de conquérir les États-Unis et l'Europe, des marchés qui soutenaient les cirques depuis des décennies. Pour ce faire, il réalisait l'importance qu'il y avait à investir de grosses sommes d'argent dans le marketing. « Nous devons nous entourer des meilleurs agents de communication dans le monde, disait-il. Pour gagner de l'argent, il faut en dépenser. C'est aussi simple que cela. »

Grâce à sa persévérance, mais aussi au travail de son équipe expérimentée, Laliberté pouvait arborer un large sourire au début de l'année 1987. Sa dette colossale avait été soldée et le Cirque enregistrait même un excédent de plus de six cent soixante-dix mille dollars. Le reste de la tournée canadienne avait été un énorme succès. Le Cirque avait présenté deux cent six spectacles à guichets fermés, que ce soit à Vancouver, Sherbrooke, Montréal, Québec, Saint-Sauveur, Longueuil, Ottawa ou Toronto.

« Cette tournée a été cruciale, indique un ancien dirigeant du Cirque. Les années de dur labeur commençaient enfin à porter leurs fruits. Dorénavant, la troupe était prête à conquérir le reste du monde. C'était le plus grand rêve de Guy, d'acquérir une renommée aux quatre coins de la planète. Beaucoup de gens doutaient de lui, mais il n'a jamais dévié de sa trajectoire. Il avait un objectif et rien ni personne ne pouvait l'en détourner, pas même les membres de sa propre équipe qui se seraient biens contentés de gagner leur vie en continuant à présenter des spectacles au Canada. Pour Guy, c'était tout ou rien. C'est la façon dont il a vécu chaque jour de sa vie. »

En 1987, Guy prit l'une des plus grandes décisions de sa carrière. Après avoir de nouveau privatisé le Cirque et rétabli Gauthier et lui-même comme propriétaires principaux, il envisagea de se lancer à l'assaut du cercle le plus influent du monde du spectacle : Hollywood. Robert Fitzpatrick, président et fondateur du Los Angeles Arts Festival, invita le Cirque pour y présenter un numéro. Le festival avait été relancé cette année là grâce à l'appui du maire Tom Bradley, premier maire afro-américain de L.A. détenant à ce jour le record de longévité à la tête de la ville. Quelques étés auparavant, Bradley avait contribué à amener les Jeux Olympiques dans la « cité des anges ». Depuis lors, il souhaitait élaborer une nouvelle stratégie afin d'attirer de nouveau les touristes. Ce fut dans cette optique qu'il prit la décision de redonner une seconde vie au Los Angeles Arts Festival.

Pour se rendre à Los Angeles, Laliberté et sa troupe devaient faire face à d'importants obstacles financiers. Les organisateurs du festival ne pouvaient pas se permettre de financer le Cirque. Ils ne pouvaient lui offrir qu'une entente forfaitaire en vertu de laquelle il recevrait un pourcentage sur les ventes de billets. Laliberté était inquiet, mais loin d'être abattu. Il décida finalement de jouer le tout pour le tout, réservant un aller-simple pour L.A. à toute son équipe. Dans le cas où le spectacle s'avérerait être un échec, il faudrait revenir à pied à Montréal.

« Les hommes d'affaires les plus éminents prennent d'énormes risques », affirme Dan Weisman, un analyste financier basé en Californie. « Toutes les personnes que j'ai observées et qui ont réussi ont pris au préalable des risques considérables ; des gens comme Bill Gates, Warren Buffett, et même des politiciens comme l'actuel président des États-Unis, Barack Obama. À l'époque, Laliberté avait décidé d'employer les grands moyens pour réussir. Il avait tout misé. Il fait partie des gens que je considère être de vrais joueurs et de vrais leaders, des gens qui réécriront l'histoire. »

Une des garanties fournies par Fitzpatrick était de distribuer plus d'un million de dépliants publicitaires dans la région de Los Angeles. Laliberté, Gauthier et Latourelle salivaient à cette perspective.

« Ils ont pesé le pour et le contre et ont décidé de se lancer, déclare un ancien dirigeant du Cirque. S'ils conquéraient L.A., le monde serait alors à leur portée. Il fallait tenter le coup. C'était maintenant ou jamais. »

Laliberté réalisa toutefois rapidement que le Cirque aurait besoin de beaucoup plus qu'un million de dépliants pour attirer les foules. Il demanda à Latourelle, qui possédait une grande expérience dans la promotion des meilleurs artistes du Québec, de faire appel à la plus puissante agence de relations publiques à Hollywood. Après maintes recherches, Latourelle porta finalement son choix sur la société de relations publiques Solters-Roskin et Friedman, en charge des icônes de la musique Michael Jackson et Barbra Streisand. L'agence indiqua à Latourelle qu'une campagne de marketing agressive pour le Cirque coûterait deux cent cinquante mille dollars. Gauthier faillit tomber de sa chaise lorsqu'il en fut informé. Laliberté, quant à lui, n'était pas du tout impressionné. « Aucune importance, dit-il à ses collègues. Si nous devons dépenser deux cent cinquante mille dollars pour en gagner deux millions, je ne vois rien de mal à cela. »

Au début de la semaine où le spectacle devait commencer, tout le monde au Cirque était nerveux. Moins de trois mille billets avaient été vendus pour les trente jours de représentations. Il semblait bien que Laliberté et son équipe allaient devoir faire de l'auto-stop pour retourner à Montréal. N'étant pas de ceux qui fuient devant les obstacles, Laliberté demanda à ses artistes d'arpenter les rues en costume toute la semaine afin d'attirer l'attention et de générer des ventes de billets. Aucune société de marketing, aussi coûteuse soit-elle, n'aurait pu mettre sur pied une telle initiative à la manière dont Laliberté l'avait fait. La question demeurait toutefois de savoir jusqu'à quel point elle se révèlerait efficace.

L'un des plus grands moments d'émotion de l'illustre carrière de Laliberté fut probablement lorsque, conduisant à L.A. quelques jours avant la soirée de première, il aperçut un panneau publicitaire faisant la promotion du spectacle du Cirque. Il arrêta sa voiture et le contempla, presque incrédule.

« Le fait qu'il ait pu se rendre aussi loin était incroyable, dit la journaliste de L.A. Sherri David. Ce n'est pas tous les jours qu'un type qui, quelques années auparavant, jouait de la musique dans la rue pour payer son prochain repas, se rend à Los Angeles et voit son nom affiché aux quatre coins de la ville. C'était même peut-être la première fois qu'une telle chose se produisait. Même dans l'hypothèse où il n'aurait vendu aucun billet à L.A., je ne pense pas qu'il serait juste de qualifier Laliberté d'autre chose que de gagnant. »

Le 3 septembre, la soirée de première, organisée dans le quartier de Little Tokyo, attira tout le gotha de Hollywood : Madonna, Michael Jackson, Sylvester Stallone et bien d'autres encore. Laliberté accédait ainsi aux personnalités les plus en vue du showbiz, qu'il finirait par avoir à sa disposition pour le reste de sa carrière. Los Angeles tomba sous le charme du Cirque. Le *L.A. Times* publia une excellente critique. Le *USA Today* et le *New York Times* suivirent bientôt. Laliberté et sa compagnie devinrent le centre d'intérêt des médias. Même le légendaire animateur du *Tonight Show*, Jimmy Carson, envoya une invitation personnelle à Laliberté afin que des artistes du Cirque participent à son émission. Guy ne parvenait même plus à répondre à toutes les sollicitations. Jane Fonda tomba elle aussi amoureuse du concept artistique unique du Cirque et assista à sept représentations. L'histoire d'amour avec L.A. ne faisait que commencer. Laliberté était rassuré. Si les choses continuaient à se dérouler de la sorte, ce ne serait pas en auto-stop mais bien en limousine que l'équipe du Cirque rentrerait à Montréal.

Le lendemain de la première, une véritable frénésie s'empara de Los Angeles. Tout le monde voulait se procurer des billets. En moins de 24 heures, le ticket pour assister à un spectacle du Cirque devint le plus prisé en ville : alors qu'il ne coûtait théoriquement que 19 $, les revendeurs arrivèrent parfois à en obtenir jusqu'à 200 $ l'unité.

« Le Cirque du Soleil a conquis L.A. de la même manière que les Beatles ont conquis l'Amérique en 1964, raconte le célèbre animateur de talk-show américain Joe Franklin. Nous n'avions encore jamais vu quelque chose d'aussi artistique, beau et unique que le Cirque. Beaucoup accusent les Américains d'être des gens fermés d'esprit, mais lorsqu'il est question d'art, nous avons probablement le goût le plus sophistiqué du monde. Nous aimons découvrir de nouveaux talents et de nouvelles formes d'art. Le Cirque du Soleil était le numéro le plus unique que nous ayons vu depuis que les Fab Four étaient venus en Amérique. Je me rappelle avoir parlé lors de mon émission de l'engouement du public pour le Cirque, qualifiant ce phénomène de "Cirquemania" tant cela me rappelait l'impact que la "Beatlemania" avait eu sur nous tous quelques décennies plus tôt. »

Finalement, le Cirque donna trente-six représentations à Los Angeles. L'équipe se rendit ensuite à San Diego puis à Santa Monica, où la troupe connut un succès phénoménal pendant plusieurs années. L'Amérique avait eu un véritable coup de foudre pour le Cirque.

« Nous ne sommes qu'un groupe d'artistes canadiens francophones, déclara un jour Gilles Ste-Croix à des journalistes américains. Nous venons d'une province de six millions d'habitants et sommes dorénavant plongés dans une vaste mer de deux cent cinquante millions de personnes. Nous devons nous battre pour protéger notre culture et notre langue, le français. Nous sommes ravis de notre succès mais nous ne nous sentons redevables envers personne. »

L'esprit de Laliberté se mit à voyager et à penser à la vitesse de la lumière. Il lui semblait que pour la première fois de sa vie, il contrôlait tout ce qui se passait autour de lui. Il atteignait soudainement un degré de conscience qu'il n'avait jamais soupçonné auparavant. Toutes les stars le courtisaient. Les dirigeants de Columbia Pictures lui proposèrent même un projet de film au sujet du Cirque du Soleil. Mais alors que les négociations progressaient, Laliberté réalisa que si l'affaire paraissait juteuse pour

Columbia, elle ne l'était pas pour le Cirque. Il lui fallait en effet renoncer à trop de droits en faveur de la production, qui voulait tout posséder et ne payer à Laliberté que des frais de licence. Avant que l'entente ne soit finalisée, Laliberté se retira du projet. Il cite souvent cet exemple pour expliquer pourquoi le Cirque du Soleil est toujours resté une compagnie indépendante et privée.

« Pour Guy, traiter avec Columbia, ça a été comme de retourner à l'école », racontait le défunt journaliste de Montréal Ted Blackman à l'époque où l'affaire était tombée à l'eau. « Lorsque Columbia l'a contacté pour la première fois, il a eu des étoiles dans les yeux. Il s'agissait tout de même de l'une des plus grandes compagnies de divertissement dans le monde ! Mais au cours des négociations, il s'est rendu compte que ses interlocuteurs étaient des gens comme lui, qui n'étaient intéressés que par une chose : gagner de l'argent. Il a rapidement réalisé qu'il y aurait beaucoup plus de désavantages que d'avantages à signer avec eux. Finalement, cette affaire lui a enseigné que la meilleure personne à qui confier son destin ne pouvait être que… lui-même ! »

Après que Laliberté se soit retiré de l'entente avec Columbia, on lui rapporta qu'un dirigeant du studio l'avait décrit comme un type arrogant, habillé comme un drogué, avec un ego de la taille de sa propre tente de cirque. Laliberté ne s'en offusqua pas. « Les gens peuvent bien m'appeler comme ils le veulent, dit-il à des amis. Si je passais mes journées à m'inquiéter de ce que l'on dit de moi, je ne dormirais plus. Je vis pour ma passion et si des personnes veulent m'en empêcher, je ne peux que leur souhaiter bonne chance. À moins qu'elles n'y parviennent, je continuerai à travailler toujours plus pour aller de l'avant. »

Certains amis s'inquiétaient de voir qu'un obstacle se dressait toujours sur la route de Laliberté : lui-même. Non seulement il était un gros fumeur, un gros buveur et un consommateur régulier de drogue, mais en plus il racontait à qui voulait l'entendre qu'il souhaitait quitter le Cirque avant l'âge de 30 ans. Guy avait fêté son vingt-huitième anniversaire la veille de la première à Los Angeles. Au regard de son mode de vie débridé, ses proches craignaient qu'il n'atteigne jamais ses 30 ans.

« Je pense que personne n'était capable de le suivre, raconte un de ses amis. Il était trop extrême. Il m'a dit un jour que lorsqu'il aurait 30 ans, il quitterait le Cirque pour se consacrer à un autre de ses rêves, comme voyager et explorer des endroits exotiques à travers le monde. Je me souviens l'avoir averti que s'il continuait à faire la fête et à travailler à ce rythme là, il ne serait peut-être plus là dans deux ans pour prendre cette décision. C'était une vraie bombe à retardement. »

7

En l'espace de dix-huit mois, le Cirque passa du surendettement à l'opulence. Il présenta des spectacles à New York, avec un énorme succès à la clé. Les autres grandes villes américaines faisaient des pieds et des mains pour être intégrées à la tournée. Il était courant de voir Laliberté au volant d'une Porsche toute neuve, chaque fois accompagné d'une femme différente. Mais sa vie de jet-setter allait déclencher une nouvelle tempête. Un conflit majeur éclata avec le reste de l'équipe du Cirque. Certains décidèrent même de le quitter.

Quelques mois plus tôt, Franco Dragone, trouvant que Laliberté interférait beaucoup trop dans son travail, avait déjà claqué la porte. Dragone, qui était un directeur belge, avait dit à ses proches qu'il ne collaborerait jamais plus avec Guy. Mais il avait fini par revenir.

Laliberté ne lâchait rien. Il tenait à conserver son pouvoir au sein du Cirque, tout en rappelant que personne n'était indispensable, pas même lui. Il avait des ennemis et il en avait conscience. Mais il était imperméable aux critiques et il lui en fallait beaucoup plus pour l'ébranler. En reconnaissant clairement ceux qui étaient susceptibles de lui nuire, il fit un grand pas en avant pour préserver son leadership.

« Si une bombe venait à exploser dans sa voiture alors qu'il est à l'intérieur, je pense qu'il s'en sortirait indemne, plaisante un retraité du Cirque. Guy pouvait se sortir de presque toutes les situations. C'était la personne la plus résistante que vous pouviez rencontrer. Ceux qui tentaient de chambouler son univers et de prendre son poste étaient jetés à la porte en moins d'une seconde. Guy n'a jamais toléré les complots et les coups de poignards dans le dos. Ceux qui jouaient à ce petit jeu là étaient sûrs de se brûler. »

Cette année 1987, un conflit sévère éclata entre Guy Laliberté et Guy Caron, le chef de l'École du Cirque de Montréal qui était également devenu le directeur artistique du Cirque. Le différend dura des mois. Laliberté voulait exploiter au maximum le potentiel financier de l'entreprise. Caron, lui, estimait que c'étaient les artistes qui étaient exploités. Il accusait Guy d'être trop assoiffé d'argent et lui disait qu'il ferait mieux de vendre autre chose, comme des voitures d'occasion.

« Avant de quitter le Cirque pour un poste en France, Caron a traité Laliberté de tous les noms, confie un ancien du Cirque du Soleil. Ironie du sort, son nouveau job lui rapportait plus de cent mille dollars par an. Il était clairement jaloux de ce qu'avait accompli celui qu'il haïssait désormais. Il voulait lui gâcher la fête, mais il a échoué misérablement. Comme toujours, Laliberté avait vu le coup venir et il lui a demandé de s'en aller. »

Caron lui en voulut et chercha à se venger. Avant de partir, il fit tout ce qu'il put pour saboter l'entreprise. Il réussit à convaincre plusieurs piliers du Cirque de partir avec lui, ce qui réduisit à néant les chances de monter un nouveau spectacle en parallèle de celui qui était déjà présenté en tournée.

« *Le Cirque Réinventé* – c'était le nom du spectacle en cours – jouissait d'un large succès, selon un ex-employé. La relation entre les deux hommes a touché le fond lorsque Laliberté a insisté pour lancer un autre show, *Éclipse*. Il voulait gagner plus d'argent, et c'était la seule solution. Mais les manigances de Caron, qui s'y était énergiquement opposé, et la démission de plusieurs interprètes importants, a causé des maux de tête à Laliberté qui a dû se résoudre à mettre son projet en veilleuse. »

Au départ de Caron, Laliberté ne laissa apparaître aucun remord. Il était même plutôt triomphant. Il embaucha en février 1988 son vieil ami Gilles Ste-Croix pour le remplacer au poste de directeur artistique. Ste-Croix ne constata rien de ce que son prédécesseur avait décrié. Il prit sa place au côté de Laliberté avec respect et affection.

« On dit régulièrement de Ste-Croix qu'il est le père du Cirque, rapporte un ancien dirigeant. Laliberté l'a rappelé pour une seule raison : il voulait en finir avec la révolte interne. Il savait pertinemment qu'avec lui, ce qui s'était passé avec Caron ne se répèterait pas. Il n'avait aucune crainte là-dessus, notamment parce que Gilles ne s'était jamais opposé à lui, même s'il n'était pas toujours d'accord. »

Pour mieux comprendre le chaos qui régnait au sein de la direction du Cirque, je me suis entretenu avec une femme qui affirme avoir couché avec les principaux administrateurs, y compris Laliberté, Gauthier et Ste-Croix. Elle m'a régalé d'histoires plus « felliniesques » les unes que les autres, me contant des moments magiques teintés d'un réalisme pour le moins troublant.

Parlant avec aisance en français comme anglais, "Annie" a travaillé au Cirque pendant des années en tant qu'acrobate, chorégraphe à temps partiel et remplaçante. Une brune renversante qui m'a raconté l'histoire de sa vie en à peine plus d'une heure. Un ancien employé du Cirque que j'ai interviewé pour ce livre m'avait mis en contact avec elle. J'aurais aimé qu'elle me laisse enregistrer notre entrevue parce que tout qu'elle disait était passionnant.

Annie confie que tous ceux qui étaient à la tête du Cirque étaient « complètement paumés ». Aucun d'entre eux ne cherchait à améliorer les choses. Bien au contraire, ils semblaient s'enfoncer chaque jour un peu plus dans les profondeurs d'un monde très sombre, indépendamment des millions qu'ils gagnaient.

Annie indique également que la plupart « de ces petits garçons concupiscents » avaient des maîtresses partout dans le monde et qu'ils continuaient d'entretenir des relations qui leur posaient de gros problèmes, tout comme au Cirque d'ailleurs. Elle affirme que « les boys » avaient tous le même raisonnement « coucher avec le plus de femmes possible jusqu'à en tomber raide mort ».

« Ils restaient décents jusqu'à ce qu'ils soient avec des femmes, remarque Annie. Dès qu'ils parvenaient à vous emmener boire un verre avec eux, ils devenaient les animaux qu'il n'y avait pas dans leur cirque. Ils n'acceptaient pas qu'on leur dise "non". Ils essayaient d'abord de vous charmer et ils étaient très charmants. Mais si ça ne fonctionnait pas, ils vous offraient les boissons les plus chères jusqu'à ce que vous en perdiez la tête. Et voilà, le lendemain matin vous vous réveilliez toute nue dans leur lit. »

Annie confirme qu'il n'était pas très glamour de travailler pour le Cirque du Soleil à ce moment là, en raison des conditions de travail difficiles. « C'est pour ça que nous couchions tous ensemble le soir, dit-elle. On avait besoin de se détendre. »

Elle se souvient avoir passé plusieurs nuits dans la « piaule » de Laliberté, faisant la fête jusqu'au lendemain matin. Une fois, après une nouvelle nuit de sexe et de drogue, elle avait ouvert le store et s'était sentie terriblement triste et vidée face au paysage magnifique qui s'était offert à sa vue.

« J'avais parfois l'impression de vivre dans une secte, dit-elle. Lorsque vous êtes admis dans le Cirque, vous êtes obligés de respecter un même mode de vie. Vous passez des années là, sans voir autre chose. Vous finissez par penser que la seule manière de vivre, c'est de donner tout ce que vous avez au Cirque : votre âme, votre bien-être et votre corps. Des années plus tard, en me remémorant cette expérience, je me suis rendue compte que je n'avais vraiment aucun regret. J'ai pu voyager à travers le monde, rencontrer des gens incroyables et faire la fête comme peu de gens peuvent le faire au cours de leur vie. C'était une aventure endiablée. »

Annie se rappelle avoir suivi des leçons de tango avec Gilles Ste-Croix. Elle le décrit comme un homme charmant et irrésistible. « C'était la personne la plus vraie que j'ai jamais rencontrée. Gilles était très romantique, voyageur dans l'âme, bohême et passionné. À la différence des autres membres de la hiérarchie du Cirque du Soleil, il s'intéressait à la beauté de l'art et aimait à en repousser les frontières. J'ai passé certains des meilleurs moments de ma vie à ses côtés. C'est un homme incroyable ! »

Quant à Laliberté, Annie le présente comme un « spécimen rare ». Elle adorait son mordant. « Dès l'instant où je l'ai vu, j'ai eu envie de lui, reconnaît-elle. Tous ceux qui ont rencontré Guy un jour vous diront que c'est l'une des personnes les plus intéressantes au monde. Il était toujours très cool, presque détaché de tout. Il semblait se passer beaucoup de choses dans sa tête, mais il gardait l'essentiel pour lui. Je me suis bien gardée de l'interroger. Peu importe le bon temps que nous passions ensemble, je ne devais pas oublier qu'il était mon patron. »

Pour Annie, certains des hommes qui dirigeaient le Cirque étaient à voile et à vapeur. Laliberté s'entourait d'ailleurs de nombreux gays. « Ça ne m'étonnerait pas d'apprendre que Guy a essayé les deux, reconnaît-elle. Il avait plein d'amis homos et il faisait souvent la fête dans les clubs du Village, le quartier gay de Montréal. Je suspecte qu'il en ait déjà fait l'expérience parce qu'il aimait le sexe bizarre et excentrique. Il avait, pour ça aussi, l'esprit créatif. Mais je n'ai pas de preuves. Il y avait des rumeurs, mais jusqu'à ce que l'on me montre des photos de Guy dans le lit d'un autre homme, je m'abstiendrai de l'affirmer. »

« Un type avec qui j'ai couché à plusieurs reprises se tapait quelques-uns des clowns à l'occasion, poursuit Annie. Beaucoup de gens au Cirque étaient gays. Ils l'ont simplement gardé pour eux parce qu'à l'époque c'était différent, c'était plus difficile de l'assumer aux yeux de tous. Mais nous savions qui était hétéro et qui était gay. C'est vous dire à quel point nous étions proches les uns des autres ! »

Quant à la drogue, Annie estime qu'il y en avait sans doute plus autour du Cirque que dans « la plus grande pharmacie » du Québec. « Quelque soit la drogue que vous vouliez, il y avait toujours un clown, un technicien ou un interprète pour vous la procurer. Ils fournissaient des substances de qualité parce que les plus importants revendeurs en ville s'étaient rendus compte qu'à peu près tous les employés du Cirque étaient dépendants. On avait tous perdu la tête à l'époque. Les dirigeants, eux, se contentaient de consommer, ils n'en vendaient pas. »

Annie s'étonne encore que tant d'interprètes aient pu exécuter leur numéro complètement défoncés. Elle explique qu'en coulisse, avant le début de la représentation, tout le monde courait partout comme des dingues, à moitié nus et surtout totalement chargés. Elle assure qu'il n'était pas rare qu'avant le lever du rideau, elle agrippe un beau technicien, trouve une loge vide et soulève sa jupe pour se faire baiser comme une bête. « Nous avions à peine le temps de reprendre notre souffle, dit-elle. À peine avions nous terminé notre petite affaire qu'il fallait entrer sur scène. J'aimais vivre à l'extrême, comme tout le monde autour de moi à ce moment-là. »

Annie ne cache pas, elle non plus, que Laliberté était un gros consommateur de drogues, essentiellement de coke et de cannabis. Elle est également certaine que toutes les rumeurs ayant circulé à son sujet sont véridiques et pense même que la réalité dépasse parfois la fiction.

Avec le recul, Annie croit qu'il y avait une certaine forme de sincérité dans tout ça. « C'est comme si on disait tous : "On baise, on se défonce, on fait la fête toute la nuit et on n'en a rien à foutre". La vie est faite pour vivre des expériences. Si vous aviez approché le Cirque du Soleil à cette époque, vous auriez probablement, vous aussi, vécu comme ça. »

Annie pense que c'est la raison pour laquelle elle est restée pendant tant d'années au Cirque. Elle ne savait pas ce qu'elle aurait pu faire d'autre de la vie. « La vérité, c'est qu'il y avait des moments où tout devenait assez triste, reconnaît-elle. Lorsque les fêtes s'achevaient, par exemple, je me sentais souvent super déprimée, hors de tout contrôle. Quand vous rejoignez le Cirque, vous avez l'impression d'être quelqu'un de très spécial. Mais lorsque vous êtes à l'intérieur, vous devenez un membre de la famille. Vous vous sentez accepté, désiré. Vous y croyez sincèrement. Puis le temps passe et vous vous demandez si vous ne vous êtes pas trompé. J'imagine que nous avons tous besoin de nos illusions. »

L'un des plus grands souvenirs d'Annie fut le jour où elle eut une discussion de plus de trois heures avec Laliberté, découvrant que son patron était finalement quelqu'un de sensible et de compatissant. « Un de ses amis était très malade et Guy était bouleversé. On s'est assis à la table d'un restaurant et on a parlé de tout, de rien et de lui. Il m'a confié qu'il ne se prenait pas vraiment au sérieux et qu'il considérait chaque moment de sa vie comme une bénédiction. À compter de cet instant, mon regard sur lui a changé. J'ai réalisé que c'était une personne comme vous et moi. Il me disait que son rêve, c'était d'apporter de la joie et de l'optimisme partout où il passait, de permettre aux gens de fuir leur quotidien et de s'évader. C'est ce qui l'a poussé à ses débuts à jouer de la musique, puis ensuite, à s'investir dans le Cirque du Soleil. »

8

Réalisant que son cirque était encore loin d'être le plus populaire au monde, Laliberté s'imposa un immense défi : conquérir New York. Il avait suivi avec attention le succès du Big Apple Circus, cirque new-yorkais plus traditionnel appartenant à Paul Binder et Michael Christensen. Il décida de tenter sa chance afin de les rattraper sur leur propre territoire. En mai 1988, Laliberté et son équipe s'embarquèrent donc dans une nouvelle aventure.

« Il est important de ne pas se limiter uniquement à la partie ouest des États-Unis, dit-il à ses collègues. Pour conquérir l'Amérique, nous devons également nous rendre à l'Est et, surtout, séduire New York. »

Pour ne prendre aucun retard, Laliberté travailla d'arrache-pied pendant des mois afin de préparer correctement le terrain avant l'arrivée du Cirque dans la « Grosse Pomme ». Il dépensa plus de deux cent cinquante mille dollars en publicité, dont soixante-quinze mille uniquement consacrés à l'achat de deux pages d'annonces dans le *New York Times*. Il inonda également la ville d'affiches et de dépliants, et sollicita tous les grands réseaux médiatiques. Comme à L.A., les célébrités voulaient être de la partie. Mick Jagger, Francis Ford Coppola, Frank Sinatra et le maire réputé de New York, Ed Koch, achetèrent des billets pour le spectacle. Le Cirque suscitait plus de discussions dans les rues que les Yankees et les Mets, qui devaient se rencontrer ce même mois de mai. Il devint l'attraction la plus prisée en ville.

L'endroit que Laliberté avait choisi pour installer son chapiteau se situait au centre-ville, à Battery Park ; un quartier se trouvant à trois pâtés de maison du World

Trade Center et offrant une vue sur la statue de la Liberté, située sur la rive opposée de la rivière Hudson. La soirée de première fut explosive.

Au lendemain du 25 mai, les médias ne tarirent pas d'éloges sur le Cirque. Que ce soit dans le *New York Times*, le *Daily News* ou le *New York Post*, les critiques étaient dithyrambiques. Tant la presse écrite que les médias audiovisuels témoignèrent de leur enthousiasme, multipliant les superlatifs telles que « incroyable », « à voir absolument », ou « stupéfiant » pour qualifier le spectacle. Laliberté comprit que s'il avait pu réussir là, il pourrait réussir partout ailleurs.

« Los Angeles a été le hors-d'œuvre et New York le plat principal, déclare le présentateur d'un talk-show de la télé new-yorkaise, Joe Franklin. Dès lors qu'il avait fait la conquête de New York, l'avenir du Cirque du Soleil était assuré. Tant de personnes sont venues dans cette ville le cœur rempli d'espoir et ont fini par rentrer chez elles sans un sou en poche. Le Cirque du Soleil est différent. C'est une organisation bien ficelée qui sait se vendre mieux que quiconque. Les producteurs de Broadway auraient dû prendre des notes cet été là, parce que le Cirque du Soleil a réalisé quelque chose que peu de gens ont su faire : gagner les médias de New York. C'était incroyable. »

Les New-yorkais eurent le coup de foudre pour le Cirque. Bien plus, ils tombèrent sous le charme de Laliberté. Ce dernier commença à fréquenter un groupe select d'amis de la jet-set new-yorkaise qu'il allait conserver par la suite.

« Tout le gratin new-yorkais voulait être à la même table, à la même fête ou dans le même bar que Guy », raconte l'ancien propriétaire d'un club de New York, Josh Nichols. « Il était charmant, agréable, sincère et avait beaucoup de succès. Il traitait tout le monde avec le même respect. Je me rappelle d'une nuit où il était sorti avec une trentaine de personnes et où la vodka et le champagne coulaient à flot. C'était ahurissant à voir. Tout le monde l'écoutait parler comme s'il était le Président. On pouvait entendre les mouches voler. Ils étaient tous suspendus à ses lèvres. Et lorsqu'il souriait, tout le monde souriait. C'était contagieux. »

Le visage doux et espiègle de Laliberté et sa démarche assurée lui valurent d'être aimé de presque tous les gens qu'il rencontrait. Même s'il arrivait que certaines personnes ne puissent pas facilement suivre ses histoires en raison de son fort accent québécois, il attirait les gens comme des mouches. On recherchait ses conseils, son avis, son approbation.

« D'une certaine manière, il est rapidement devenu le roi de New York, rapporte Nichols. C'était une personne entière. Il fonctionnait tout en douceur. Il faisait oublier aux gens leurs problèmes et, à son contact, on se rendait compte à quel point la vie était précieuse et unique. À la seconde où vous faisiez sa connaissance, vous étiez certain que Guy aimait la vie. Je suis convaincu que chaque jour de son existence, son visage arbore un large sourire. Je ne peux pas en dire autant de bien des individus que j'ai rencontrés. »

Alors que le Cirque devenait de plus en plus populaire, ses employés commençaient quant à eux à montrer quelques signes de mécontentement face à leurs conditions de travail. Plusieurs membres avaient déjà démissionné l'année précédente, par solidarité envers Guy Caron. Si les choses ne changeaient pas rapidement, Laliberté risquait à nouveau de perdre plusieurs talents. Grâce à l'oreille compatissante de l'une des personnes les plus influentes du Cirque, une grève majeure fut évitée à la dernière minute. Plusieurs artistes avaient fait part de leurs inquiétudes à Gilles Ste-Croix, lui témoignant de leur insatisfaction face à leur salaire et à leur charge de travail. Ste-Croix, qui était d'obédience socialiste, utilisa son pouvoir de persuasion afin d'obtenir de Laliberté, Gauthier et Latourelle qu'ils acceptent de reconsidérer la situation du personnel.

« Gilles a fait appel à son bon sens, note un ancien dirigeant du Cirque. Il était soucieux du bien-être de ses artistes et de l'équipe en général. Il reconnaissait le bien-fondé des revendications et a donc organisé une réunion au sommet avec ses amis proches. Il avait à cœur que chacun puisse se sentir bien traité et comprenait qu'il était nécessaire d'apporter certaines améliorations. C'est à cette époque que Gilles a ajouté une nouvelle corde à son arc au sein de l'organisation du Cirque, devenant également directeur des ressources humaines. »

Ste-Croix, d'un naturel résistant, travailla d'arrache-pied afin de faire progresser les choses. Il réussit finalement à initier d'importantes améliorations. Chaque salaire fut augmenté de 25 % et on limita désormais le nombre de représentations à neuf par semaine, une de plus que les superproductions de Broadway. Au lieu de continuer à payer les artistes à la semaine, on décida qu'ils seraient dorénavant payés entre 90 $ et 115 $ après chaque représentation.

Les effets de ces mesures furent très bénéfiques pour le Cirque. Tout le fonctionnement de la chaîne de production en fut notablement amélioré, chacun se sentant désormais plus à l'aise. Ste-Croix avait éteint un incendie qui aurait pu coûter cher.

« C'était la seule personne qui pouvait ramener Guy à la raison, affirme un ancien dirigeant du Cirque. Gilles était avec le peuple. C'est pour ça qu'il a joué de la musique dans la rue toutes ces années. Je pense que si n'importe qui d'autre que lui s'était adressé à Guy à ce sujet, les changements ne se seraient pas faits aussi rapidement. Guy respectait Gilles et prenait au sérieux tout ce qu'il proposait. Gilles avait le don de pouvoir changer la façon de penser de son ami. De son côté, Guy avait conscience de l'importance de la contribution de Gilles au Cirque du Soleil et il s'est toujours efforcé de ne pas la considérer comme un acquis. La dernière chose qu'il souhaitait, c'était de voir Gilles partir de la façon dont Caron l'avait fait. »

L'immense succès que le Cirque avait connu aux États-Unis ne fut pas suffisant pour calmer les esprits à la tête de l'organisation. Un conflit majeur éclata, cette fois entre Normand Latourelle et Laliberté, en raison de leur profonde divergence de vues.

Latourelle tenta de trouver des appuis afin d'évincer Laliberté du Cirque. Leurs rapports étaient devenus exécrables. Gilles Ste-Croix a indiqué au journaliste Jean Beaunoyer que c'est lors d'un voyage en Scandinavie qu'il a reçu une lettre de Latourelle à remettre à Laliberté déclarant qu'il voulait acheter les parts de Guy dans le Cirque. Les tensions entre les deux hommes se perpétuèrent pendant plusieurs mois avant d'atteindre leur paroxysme lorsque Laliberté envoya un ultimatum à son associé Daniel Gauthier. Il ne mâcha pas ses mots, s'adressant à Gauthier en ces termes : « C'est lui ou moi ». Les trois jours suivants, Laliberté ne se présenta pas au travail.

Techniquement, l'absence de Guy éleva Latourelle au rang de président du Cirque. Ceci ne dura toutefois pas plus de heures. Gauthier réalisa que la crise était grave. Un de ces deux hommes obstinés devait partir.

« C'était très sérieux, relate un ancien dirigeant du Cirque. Il était inenvisageable que ces deux fortes personnalités puissent de nouveau travailler ensemble. À cette époque, ils se détestaient. C'est la relation la plus tendue que j'ai pu observer entre deux personnes au sein du Cirque du Soleil. »

L'ancien dirigeant raconte également que Latourelle avait manœuvré dans le dos de Laliberté en vue de prendre les commandes du Cirque. Il venait de se séparer de son épouse, avec qui il avait eu deux enfants, et avait une liaison avec la secrétaire personnelle de Laliberté, Nancy Vanasse. Il avait essayé de lui soutirer plusieurs informations concernant Laliberté.

Gauthier mit rapidement fin à la crise. Il n'appréciait pas les manigances de Latourelle pour évincer Laliberté. En outre, il était de plus en plus convaincu que les intentions de Latourelle n'étaient pas nobles et qu'elles pourraient finir par détruire le Cirque. Par-dessus tout, il craignait qu'à terme, Latourelle n'entreprenne contre lui le même type de tentative de prise de contrôle sauvage. Et puis, il réalisait que sans Laliberté, son avenir serait considérablement compromis.

« Le Cirque sans Guy Laliberté, ce serait un peu comme le KFC sans le colonel Sanders, poursuit l'ancien dirigeant. Laliberté représentait la personne à laquelle tout le monde associait le Cirque du Soleil. Ç'aurait été un grand choc s'il avait été évincé. Je ne pense pas que le Cirque aurait pu continuer, d'autant que Laliberté était à ce moment là en négociations avec des personnes bien placées à Las Vegas dans le but d'y installer des spectacles permanents. Pouvez-vous imaginer ce qui serait arrivé si Guy était parti ? Vegas ne serait jamais devenue la plus grosse vache à lait de toute l'histoire du Cirque. Gauthier était un homme intelligent, très intelligent même, et il a compris rapidement ce qui finirait par se produire au bout du compte. Il ne lui a pas fallu beaucoup de temps pour se décider à demander à Latourelle de partir. »

Gauthier invita les deux hommes dans la même pièce afin d'annoncer son verdict. Laliberté et Latourelle n'échangèrent pas un seul mot, ni même un seul regard. La tension entre eux était palpable. Gauthier expliqua qu'il voulait mettre fin à toute tentative de prise de pouvoir sauvage de la part de Latourelle. Il lui signifia que l'aventure s'arrêtait là et lui fit une offre de rachat pour ses parts. Latourelle n'avait d'autre choix que d'accepter. Dans le cas contraire, l'affaire aurait fini devant les tribunaux, tant il était clair que Gauthier était décidé à se séparer de lui.

Contrairement à certaines rumeurs, la somme totale versée pour le rachat des parts de Latourelle était bien loin des sept chiffres. En réalité, il reçut soixante-quinze mille dollars, ainsi que deux cent mille dollars supplémentaires pour le rachat de l'entreprise de vente de billets Admission qu'il avait fondée avec Gauthier. Admission devint d'ailleurs rapidement la filiale québécoise de Ticketmaster, chef de file de la vente de billets de concerts, d'événements sportifs et de spectacles aux États-Unis.

L'incident Latourelle fit prendre conscience à Laliberté des torts que de telles personnes « inutiles » pouvaient tenter de lui faire subir. Ce fut à cette époque qu'il se mit en tête d'étudier la vie d'autres hommes d'affaires qui avaient réussi, afin de pouvoir tirer des enseignements de leur parcours. Il lut des livres et visionna des films concernant des personnalités comme Howard Hughes, Abraham Lincoln ou encore Vincent Van Gogh, apprenant de leurs succès, de leurs échecs, de leurs méthodes et même de leur folie. Il passa surtout de longues heures à étudier comment ils s'étaient comportés dans les moments de tension et de grave conflit.

« Guy a étudié à fond, document après document, la manière dont certaines des personnes qui ont le mieux réussi au monde fonctionnaient, rapporte un de ses amis. Il voulait s'instruire à la fois dans le domaine des affaires, mais aussi dans celui de l'art. Quand il s'asseyait en compagnie des puissants de ce monde, il voulait prouver qu'il avait lu et qu'il était cultivé, ce qui jouait toujours en sa faveur. Il était commun de voir des vedettes du rock très populaires, des magnats du monde des affaires et des politiciens s'asseoir à table avec Guy et boire ses paroles. Ses connaissances étaient étonnantes. Il pouvait parler de n'importe quel sujet, que ce soit de l'art, du divertissement, de la cuisine, du bon vin ou des sports. Les gens qui le rencontraient étaient fascinés par sa façon de se comporter. »

Au sein du Cirque, les gens parlèrent du conflit Laliberté-Latourelle pendant des mois, avant de finalement retourner à leur routine habituelle. De son côté, Laliberté semblait avoir pris conscience de sa propre valeur. Il promit à Gauthier que la décision qu'il avait prise serait plus que payante.

« Ce fut certainement un tournant, affirme un ancien dirigeant du Cirque. Laliberté s'est senti plus en sécurité et plus déterminé que jamais à faire du Cirque un immense succès international. Il avait surmonté le plus grand obstacle de sa vie. Désormais, il était résolu à travailler plus que jamais afin de faire du Cirque la puissante entreprise dont il avait rêvé depuis si longtemps. »

9 Laliberté se comportait dans la vie exactement comme il se comportait dans son cirque, avec le même tempérament, les mêmes silences, les mêmes poussées de colère. L'avoir pour ami avait un prix à payer, mais beaucoup prenaient le risque, fascinés par la complexité du personnage. Malgré ses mauvais côtés, c'était quelqu'un de fidèle et de loyal qui aurait fait n'importe quoi pour ses proches.

« Tout le monde adorait Guy et plus ça allait, plus il était courtisé », dit "Carl", un ancien ami de Laliberté. « La fortune qu'il avait accumulée n'avait rien changé à ses habitudes. Il ne s'était jamais éloigné très loin de ses proches qu'il invitait à venir partager des repas inabordables ou qu'il conviait à l'accompagner en voyage tous frais payés. Il voulait leur faire profiter de sa réussite sociale. Il aimait qu'ils l'écoutent et passait d'ailleurs souvent toute la nuit avec eux à discuter, boire et s'amuser. Le lendemain, il se rendait directement au Cirque sans même avoir dormi. Personne ne comprenait comment il était capable d'être aussi résistant car il ne laissait transparaître aucune fatigue, comme si de rien n'était. »

Laliberté était clairement perçu comme un prodige, comme un homme qui avait une destinée. Il l'assumait sans scrupule, affrontant la vie et ses obstacles pour toujours aller plus haut. Après tout, il était devenu le patron incontesté d'une entreprise internationale prospère, un véritable gourou adulé par des disciples prêts à le suivre jusqu'à la terre promise. "Denis" affirme que tous les membres du Cirque finissaient par comprendre l'entêtement et la persévérance de Guy Laliberté. « En l'espace d'un an, il a repris le contrôle du Cirque comme jamais et il est parti à la conquête du monde, réussissant ce que personne n'avait réussi avant au Québec et même au Canada. Il allait faire du Cirque du Soleil l'un des divertissements les plus gigantesques de toute l'histoire du spectacle à l'échelle internationale. »

Le défi, relevé par Laliberté, s'avéra enthousiasmant. On ne l'avait jamais vu travailler aussi dur et avec autant de passion. Il était parvenu à mettre ses exaspérations de côté, laissant les affres de la politique interne de l'entreprise derrière lui pour mieux se concentrer sur l'essentiel : élever le Cirque du Soleil le plus haut possible. La tournée nord-américaine du show *Nouvelle Expérience* fut une réussite foudroyante. Près d'un million et demi de personnes assistèrent au spectacle dans le tout nouveau chapiteau équipé de deux mille cinq cents sièges. Il fut chaleureusement acclamé et récompensé à New York par le prestigieux *Drama Desk Award* dans la catégorie « meilleur spectacle » de l'année 1991.

L'autre rêve que souhaitait réaliser Guy Laliberté était de présenter plusieurs spectacles simultanément. Il voulait maximiser les rentrées d'argent et estimait que c'était le moyen idéal d'y parvenir. Il décida donc de monter une deuxième équipe au complet pour jouer *Nouvelle Expérience*. Il avait dorénavant une distribution pour l'Amérique du Nord et une autre pour l'Europe. Ce ne fut ni la première, ni la dernière fois que le fondateur du Cirque du Soleil prit un risque qui laissa dubitatif tout le reste de la troupe. Pour Denis, « ce qui rendait Guy si spécial, c'était sa façon de faire taire systématiquement l'ensemble de ses détracteurs. Il allait tout le temps à contre-courant, semant régulièrement la consternation autour de lui. Mais au final, il arrivait toujours à rallier tout le monde à ses idées. C'était remarquable ! »

À la fin de l'année 1991, alors que le Cirque rayonnait à travers le monde, Laliberté préparait son rêve ultime : concevoir un spectacle permanent sur l'artère principale de Las Vegas. Il en voulait toujours plus. Il voulait marquer « Sin City » de son empreinte et rivaliser avec les shows les plus impressionnants de l'histoire de Vegas. Il chérissait l'idée de surclasser le plus célèbre d'entre tous, *Rat Pak*, qui avait été présenté dans les années 1960 par Franck Sinatra avec Sammy Davis Jr, Dean Martin, Peter Lawford, Joey Bishop et Sinatra lui-même.

« Guy était obsédé par Vegas, se souvient un ancien collaborateur. Il savait parfaitement que s'il était capable d'y implanter le Cirque, ce serait un succès assuré car il n'y avait jamais rien eu de tel auparavant. Il aimait tout à Las Vegas, de la chaleur aux casinos en passant par l'atmosphère endiablée de l'avenue principale. Il savait pertinemment que les gens y venaient pour prendre du bon temps et dépenser des sommes considérables d'argent aux machines à sous ou pour assister à des spectacles extravagants. Guy était persuadé que le Cirque du Soleil connaîtrait un incroyable succès là-bas et que l'opération serait sans aucun doute très lucrative si on lui en offrait l'opportunité. »

Laliberté n'éprouvait plus aucune difficulté à obtenir un rendez-vous d'affaires. Il était devenu légèrement crâneur et avait acquis une grande confiance en lui, y compris lorsqu'il était contraint de négocier en anglais. Dorénavant, c'était lui qui imposait ses conditions. « Quand il se retrouvait au milieu de ses amis, il redevenait ce bon vieux Guy, raconte Denis. Mais lorsqu'il orchestrait une réunion d'affaires, il veillait toujours à ce que les choses soient bien claires. Il n'était pas question d'être hésitant. Il avait déjà eu l'occasion de se rendre compte à quel point il était important de savoir ce que l'on voulait et où l'on allait exactement. Beaucoup de gens n'avaient pas son aplomb et perdaient un peu leurs moyens lorsqu'ils prenaient la parole. C'est assez difficile à expliquer, mais peu importe, il était extrêmement efficace. »

Les seigneurs de Vegas étaient impatients de rencontrer ce jeune Québécois à la confiance inébranlable dont tout le monde parlait en ville. Pourtant, cela ne se passa pas très bien. Laliberté quitta le Caesars Palace fâché par la décision radicale de la direction de l'hôtel. Le président des opérations du Caesars refusa en effet catégoriquement le projet de Laliberté, venu lui proposer de présenter son nouveau spectacle, *Mystère*. J. Terrence Lanni le laissa faire son exposé en ayant la tête ailleurs, les yeux dans le vide, complètement fermé à la discussion. Laliberté ne parvint pas à le convaincre. Lanni décréta que ce n'était pas une bonne affaire pour le Caesars Palace, prétextant que le show lui semblait trop sombre et « trop ésotérique ». Cela fit enrager le patron du Cirque du Soleil qui se promit ce jour-là de faire regretter sa décision à J. Terrence Lanni. Il raconterait souvent cette déconvenue par la suite, pour rappeler que ce n'était vraiment pas une mince affaire de faire sa place à Vegas.

Laliberté avait pour habitude de développer ses arguments avec précision et clarté, en allant droit au but. La plupart du temps, il parvenait à persuader ses interlocuteurs. Mais cette fois, il était tombé sur un mur. « Il s'est senti humilié, reconnaît Denis. Il n'a jamais aimé se contenter de la deuxième place, mais là c'était pire que tout parce que Lanni lui avait claqué la porte au nez. Il ne fallait pas s'attendre à ce que Guy baisse les bras. Sa détermination à trouver une meilleure adresse pour que le Cirque s'exporte malgré tout à Las Vegas n'en a été que renforcée, et il avait hâte de faire ravaler ses paroles à Lanni. »

Il ne laissa pas tomber. Sûr de lui, il alla de l'avant, explorant la moindre opportunité de s'installer à Vegas, sans même envisager une nouvelle déconvenue. Il organisa une réunion avec Steve Wynn, le promoteur d'hôtels et de casinos devenu célèbre après avoir investi six cent trente millions dans la construction du palace le Mirage, avec une forêt intérieure, un volcan extérieur et des chambres très haut de gamme. Wynn, spéculateur notoire, misa sur les *junk bonds* – des obligations à très haut risque – lancées par le financier américain Michael Milken pour ouvrir cet établissement hors normes. Le Mirage obtint un énorme succès auprès des touristes dès son ouverture en 1989, au point d'avoir le taux d'occupation le plus élevé de toute l'artère principale de Vegas dès la première année.

Laliberté gagna le gros lot. Lorsque les deux hommes se rencontrèrent, Wynn cherchait justement un spectacle pour inaugurer le lancement de son prochain projet. Le Treasure Island Hotel and Casino, d'une valeur de quatre cent cinquante millions de dollars, devait ouvrir ses portes l'année suivante, en 1993. Wynn et Robert H. Baldwin – le propriétaire du Mirage – voulaient quelque chose de dynamique et surtout d'unique, une animation susceptible d'attirer les foules. « N'allez pas chercher plus loin, leur dit Laliberté, il vous faut le Cirque du Soleil ! ». Steve Wynn adora l'idée de présenter tous les soirs dans son casino un show à la fois exotique et familial. Épuisé par la supervision de son projet, le promoteur fortuné apprécia de négocier avec simplicité avec Laliberté. Une nouvelle page s'ouvrait pour le Cirque du Soleil.

« Steve devait s'occuper de tout en même temps, il manquait d'énergie », reconnaît Andrew Connors, l'un des anciens associés de Wynn. « L'arrivée du Cirque du Soleil a été pour lui une grande bouffée d'air frais. Il avait eu le coup de foudre pour Guy Laliberté. Il était impressionné par son assurance et sa gentillesse. Il était beaucoup plus naturel et plus poli que les requins habituels avec lesquels Steve avait l'habitude de traiter. Guy lui a certainement redonné du cœur à l'ouvrage et il s'est démené comme un diable pour remporter son pari risqué. Steve a toujours aimé jouer différemment des autres. Avec le Cirque, il était servi. C'était du jamais vu, même à Vegas. C'était vraiment très excitant ! »

Avoir un spectacle permanent enthousiasmait Laliberté. Montréal n'était pas très approprié pour ça : trop contraignant, ne serait-ce qu'à cause de la rigueur de l'hiver québécois. Lui qui a toujours dit qu'il avait besoin de soleil pour avancer s'en alla donc pour Las Vegas, au milieu du désert du Nevada. Il n'en demeurait pas moins difficile de couper le cordon ombilical. Alors il garda une résidence au Québec et fit régulièrement l'aller-retour entre les deux métropoles. « Guy est un Québécois pur et dur, résume le journaliste Esmond Choueke. Même s'il se plaignait souvent, il restait très attaché à sa province. D'ailleurs, même s'il était heureux sous le soleil de Vegas, il a fini par se lasser. Son cœur est définitivement à Montréal. »

Cela dit, au début, c'était bien à Vegas que Laliberté rêvait. Il adorait le Strip, où il s'éternisait souvent le soir, faisant la tournée des hôtels jusqu'au petit matin. Il tomba amoureux de l'originalité de cette ville où affluaient les curieux, de ses lumières éblouissantes, de ses divertissements perpétuels et de la possibilité de gagner de l'argent sans restriction. Laliberté se sentait un peu comme un gamin dans un magasin de bonbons.

Wynn signa un contrat de services valable dix ans avec le Cirque du Soleil. Plusieurs clauses dérogatoires avaient naturellement été ajoutées au cas où le spectacle se solderait par un flop. Les négociations entre Wynn et Laliberté s'avérèrent plus faciles que l'on aurait pu l'imaginer. « Connaissant les deux hommes, on avait de bonnes raisons de penser qu'elles allaient être extrêmement dures, confirme Denis. Guy était têtu, mais seulement lorsqu'il se sentait en position de supériorité par rapport à son interlocuteur. Lorsqu'il négociait avec des gens plus puissants, il avait tendance à se faire plus petit. Steve Wynn, c'était un peu le parrain de Las Vegas alors c'était du gâteau pour lui de traiter avec Guy. Tout cela changerait plus tard. Pour Laliberté, faire des affaires c'est comme jouer aux cartes. Et à cet instant précis, c'est Wynn qui avait la main. »

Steve Wynn est, de fait, considéré comme le sauveur de Las Vegas. Mais remontons un peu dans le temps. La ville a toujours plus ou moins flirté avec la faillite, et ce dès sa création en 1905 avec l'arrivée du chemin de fer. En 1931, le député de l'État du Nevada, Phil Tobin, fit passer une loi, le « Wide Open Gambling Act », qui légalisait les jeux d'argent, que ce soit les paris ou les jeux de hasard. Ceci eut pour conséquence d'attirer pour longtemps une foule de truands. Le fait le plus marquant de l'histoire de Vegas se déroula en 1946, lorsque les hommes de main du mafieux Meyer Lansky prirent possession du Flamingo moins de vingt minutes après que son ancien associé et propriétaire de l'hôtel, Bugsy Siegel, ait été abattu de plusieurs balles dans la tête alors qu'il lisait le journal dans la salle de séjour de sa maîtresse, Virginia Hill, à Beverly Hills. Le Syndicat du crime avait décidé son exécution après les importantes dettes qu'il avait accumulées. Cette époque-là est révolue. Les gens qui gèrent Vegas aujourd'hui ressemblent davantage à des diplômés de Harvard qu'à des gangsters. Quant à Guy Laliberté, « c'était un cas à part, quelqu'un qui n'a jamais voulu de mal à personne, selon Denis. Il voulait simplement vivre à fond. S'il rencontrait quelqu'un de louche, il faisait en sorte de s'en éloigner rapidement. Il avait conscience qu'il y avait un bon nombre de parasites qui défilaient dans la ville du jeu, mais ça ne l'intéressait pas de perdre son temps avec eux. »

Steve Wynn avait le grand avantage d'avoir appris l'art du jeu au contact de son père, qui gérait des salles de bingo dans le nord de l'État de New York. Plus tard, il avait vendu de la viande aux casinos de Vegas, épargnant chaque sou qu'il gagnait pour les jouer au casino. Il en avait tiré d'énormes bénéfices qui lui avaient permis de s'acheter un terrain. Il en avait revendu une parcelle au Caesars Palace en vue de son extension et s'était offert le Golden Nugget Casino, au centre-ville, qu'il avait rénové par la suite.

« Entre 1987 et 1988, les gens ne voyaient pas d'avenir pour Las Vegas », raconta Rob Goldstein, le président du Venetian, à Joe Bob Briggs, journaliste d'United Press International. « Aucun nouveau casino n'avait été construit depuis les années 1970. Le Riviera et le Sahara, ce n'était que ça le Strip à l'époque ! Il n'y avait pas non plus de nouvel hôtel. Le dernier sorti du sable, le MGM – aujourd'hui appelé le Bally's – datait de 1972. La ville stagnait. Puis Wynn est entré dans la partie. Il était le seul à investir dans le jeu. Kirk Kerkorian lui a emboîté le pas. À eux deux ils ont fait bâtir le Mirage, l'Excalibur, le New York-New York, le MGM Grand Las Vegas, le Luxor, le Venetian et le Treasure Island. Des dizaines de milliers d'emplois ont été créés d'un seul coup. »

Tout comme Laliberté, Wynn était quelqu'un qui aimait avoir le contrôle de la situation. Mais il allait plus loin encore dans la maîtrise de son image parce qu'il poursuivait tous les journalistes qui écrivaient un seul mot sur lequel il n'était pas d'accord. Il exigeait facilement que son avocat intente un procès sans trop se poser de questions. « J'ai été poursuivi par Steve cinq fois », confirma John L. Smith, chroniqueur respecté du *Las Vegas Review Journal*, à Joe Bob Briggs. « Et je peux vous assurer que je n'ai aucune envie qu'il y ait une sixième fois. »

Briggs explique qu'il lui a fallu insister lourdement pour que son confrère John L. Smith finisse par accepter son invitation à déjeuner pour parler de Steve Wynn. Il s'inquiétait de la façon dont l'homme d'affaires réagirait s'il évoquait le litige qui entourait la biographie non autorisée qu'il avait publiée sur lui, *Running Scared : The Life and Treacherous Times of Las Vegas Casino King Steve Wynn*.

D'ailleurs, Wynn ne se contentait pas de poursuivre en justice les journalistes. Ses batailles judiciaires avec un autre célèbre promoteur immobilier, Donald Trump, sont entrées dans la légende. Ils se sont mutuellement accusés d'espionnage industriel et ont eu recours à des méthodes illégales comme les écoutes téléphoniques et l'embauche d'un détective privé. Wynn était connu pour mener des investigations sur quiconque tentait de se mettre en travers de son chemin. Ironie du sort, Guy Laliberté était resté longtemps fasciné par Trump. Reste que les affaires étaient les affaires et qu'il avait d'autres chats à fouetter que de se soucier du conflit judiciaire dans lequel son nouveau patron était engagé contre Donald Trump.

Tout comme Steve Wynn, surnommé le roi Toutânkhamon des temps modernes, Guy Laliberté était destiné à laisser sa trace au milieu du désert. Les deux hommes s'apprêtaient à présenter à Las Vegas le plus grand spectacle de tous les temps.

10

Lorsqu'il s'installa à Las Vegas, Laliberté passa les premières nuits à boire, jouer et faire la fête jusqu'à l'aube. Il se présentait ensuite à des réunions où, en compagnie de Steve Wynn et du reste de l'équipe, il s'efforçait de mettre sur pied le prochain spectacle du Cirque. Même s'il restait éveillé très tard, il semblait toujours alerte.

Laliberté se rendit compte qu'il pouvait plaisanter et rire avec Wynn comme s'ils avaient été des amis de longue date. De son côté, Wynn trouvait le rire de Laliberté chaleureux et rassurant. Son humour n'était jamais cruel ou déplacé. Il était généralement dirigé envers lui-même, Guy sachant faire preuve d'un grand sens de l'autodérision. Lorsque venait le temps de travailler, cependant, les pitreries cessaient. Personne n'avait jamais vu Laliberté aussi sérieux dans son travail qu'au cours de ce séjour à Vegas. Arrivant habituellement à l'heure et toujours disposé à travailler aussi longtemps qu'il le fallait sans se plaindre, il se forgeait une réputation de professionnel accompli. Il ne buvait jamais au travail et ne ralentissait jamais les choses. Wynn fut impressionné par son dévouement et son éclat.

Traîner avec Steve Wynn et ses copains était une expérience des plus enrichissantes pour Laliberté. Il pouvait ainsi apprendre aux côtés de l'un des meilleurs modèles qui soit dans le monde des affaires. Avant que *Mystère* ne débute, par exemple, Wynn l'envoya voir tous les spectacles à succès présentés à Vegas et lui demanda de prendre des notes. Bien que Laliberté se soit souvent senti isolé et loin de ses amis de Montréal, cette période d'apprentissage revêtit pour lui une valeur inestimable.

« Wynn a offert à Guy un nouveau départ, affirme Denis. Guy avait déjà accompli beaucoup de choses mais semblait faire du surplace à Montréal. Après la signature du contrat à Vegas, il débordait d'énergie et de passion. Il était comme un gamin qui venait d'être admis à Oxford ou à Stanford. Il avait récupéré la fougue incroyable qu'il avait perdue depuis quelque temps en raison des hauts et des bas que le Cirque avait connus au cours des dernières années. »

Quelques semaines avant la date prévue pour le lancement de *Mystère*, Wynn prit peur. Il trouvait désormais que c'était trop risqué. Certes, il avait été attiré par le concept et il restait impressionné par l'ingéniosité et la créativité qui émanait du spectacle. Mais il le trouvait également trop sombre et trop osé, et craignait que le décalage ne soit trop radical par rapport aux autres spectacles qui se jouaient à Vegas. Il réunit Laliberté et Franco Dragone dans son bureau et leur exposa ses doutes. Après avoir visionné de nombreuses répétitions, Wynn leur expliqua qu'il redoutait que l'assistance ne soit rebutée en raison de l'ambiance abstraite et obscure de la pièce. Il s'inquiétait également des critiques des médias, qui pourraient réagir plus froidement ou négativement face à ce spectacle si différent. Il déclara aux deux hommes, qui étaient quelque peu nerveux : « C'est un opéra allemand que vous avez fait là ! »

Quelques années plus tard, Dragone indiquerait qu'il avait pris la critique de Wynn comme un compliment car elle prouvait à quel point la direction artistique de *Mystère* avait été efficacement exécutée. Selon ses propos, toute autre réaction l'aurait incité à repenser l'esprit même du spectacle.

De son côté, Laliberté était loin de prendre ces remarques à la légère. Wynn menaçait de reporter l'ouverture officielle du spectacle si des changements n'étaient pas rapidement apportés. « Guy s'est mis à paniquer après que Wynn ait menacé de mettre le spectacle en veilleuse, dit un ancien dirigeant du Cirque. Il a fait tout ce qu'il a pu pour rapidement corriger le tir. La dernière chose qu'il voulait, c'était de devoir alimenter les médias et le public en excuses boiteuses pour justifier le report de l'ouverture. Il a rassemblé son équipe afin de reficeler le spectacle tout entier. Guy a toujours su rebondir, quelles que soient les difficultés. Il peut tourner n'importe quelle situation à son avantage. Avec Wynn, c'était plus difficile, parce qu'il n'avait jamais été confronté à quelqu'un d'aussi puissant. Wynn le mettait à l'épreuve, mais Guy a fini par lui prouver qu'il avait des capacités extraordinaires. »

La douce frénésie des mois précédant l'ouverture de *Mystère* se transforma en une sorte de danse désespérée. L'agitation de Vegas, que Laliberté avait d'abord accueillie favorablement, lui était désormais pesante et le rendait de plus en plus sensible aux pressions. C'était comme s'il était entouré d'insectes bourdonnants ; certains étaient gentils, certains étaient talentueux, d'autres le rendaient fou. Mais Laliberté n'avait pas l'intention de s'apitoyer sur son sort. « Guy était tiraillé de toutes parts, se rappelle Denis. Il a dû s'isoler afin de pouvoir se concentrer sur l'énorme tâche qui lui incombait, celle de monter le spectacle. Cela a certainement eu un impact sur lui car il commençait à paraître épuisé, même s'il ne l'admettait jamais. »

Le choix du timing pour le lancement de *Mystère* n'avait pas été fait au hasard puisqu'il correspondait également au dixième anniversaire du Cirque. Laliberté dit à ses amis qui avaient fait le voyage pour assister à l'ouverture à Vegas que ce serait le point culminant d'une décennie faite de hauts et de bas. « Pour moi, ça va être la plus grande nuit de toute l'histoire du Cirque, dit-il à Denis. Notre dur labeur aura finalement payé. Je vois cela comme quelque chose de positif. Même si toutes les critiques sur le spectacle étaient négatives, je pense qu'aucun d'entre nous n'aurait à rougir. Nous avons travaillé tellement dur pour le réaliser. Nous devons garder la tête haute, quoi qu'il advienne. »

Finalement, le jour de Noël 1993, *Mystère* fit ses premiers pas à Vegas au Treasure Island Hotel and Casino. À la surprise de Wynn, les critiques furent plus qu'élogieuses. Le concept de Dragone, consistant à explorer les origines de la vie sur une bande sonore magistrale composée de musiques du monde tirant leurs racines d'Espagne, d'Afrique et d'Europe de l'Est, laissa les journalistes et les fans bouche bée. Le spectacle, avec ses soixante-quinze interprètes, accéda rapidement au statut de chef d'œuvre. Aujourd'hui, il est toujours présenté à Las Vegas, chose que Wynn n'aurait jamais pu imaginer.

La fête qui suivit la soirée de première fut sans doute l'une des plus somptueuses que Vegas ait jamais connues. Personne dans cette ville pourtant considérée comme la capitale mondiale du divertissement n'était capable d'organiser des fêtes plus fastueuses que Laliberté. « Guy a offert à ses amis tout ce dont ils pouvaient rêver : les meilleurs alcools, la drogue, les plus belles femmes de Vegas, dévoile un vieil ami de Laliberté. Le ton était donné pour les fêtes qu'il allait organiser par la suite et qui seraient toutes plus magnifiques et plus folles les unes que les autres. Même si j'avais habité en Alaska sans avoir un sou en poche, j'aurais marché jusqu'à Vegas afin d'assister à l'une de ses fêtes. Il n'y avait rien d'équivalent ailleurs. Les gens auraient fait n'importe quoi pour Guy pour peu qu'il leur promette une invitation. »

Le succès de *Mystère* décida Laliberté et le Cirque à installer des bureaux permanents à Vegas. Ce fut l'occasion d'employer des milliers de Québécois et d'artistes du monde entier dans cette oasis perdue au milieu du désert du Nevada. Personne ne refusa l'invitation de Laliberté à rejoindre l'équipe du Cirque.

Aussi dur travaillait-il, Laliberté menait grand train à Vegas. Il y avait acheté un splendide penthouse offrant une vue spectaculaire sur le désert, et on pouvait souvent l'apercevoir sur le Strip au volant de voitures de sport de collection. Il trouvait la vie à Vegas revigorante.

« Après que *Mystère* ait reçu de bonnes critiques, Guy a eu tout Vegas à ses pieds, y compris Wynn, dit un ancien dirigeant du Cirque. C'était un jeune trentenaire et il vivait comme s'il était le roi du monde. J'ai dit une fois à un ami que si je pouvais vivre une seule journée de la même manière que Guy, ce serait comme si j'étais mort et monté au ciel. »

C'était une période heureuse pour le Cirque. Il était entré dans une nouvelle phase et les choses semblaient se dérouler pour le mieux.

L'année précédente, en 1992, Dragone, inspiré par le thème du multiculturalisme, avait souhaité que la nouvelle production du Cirque soit placée sous le signe de l'« urbanisme cosmopolite ». *Saltimbanco* avait été le premier spectacle dans lequel le Cirque avait présenté une intrigue solide articulée du début à la fin autour du même concept. Mettant en scène quarante-sept artistes recrutés dans plus de quinze pays, *Saltimbanco* allait voyager à travers le monde entier et devenir le spectacle que le Cirque jouerait pendant la plus longue période.

Pour Laliberté, *Saltimbanco* incarnait une idée qu'il voudrait relayer toute sa vie : la paix dans le monde. « Pour moi, *Saltimbanco* est un message de paix. Au cours des années 1990, l'immigration représentait un enjeu, celui du mélange des cultures dans les villes. *Saltimbanco*, avec toutes ses personnalités et toutes ses couleurs, reflète ce mélange. C'est le défi auquel nous sommes confrontés dans le monde actuel : se respecter, vivre et travailler ensemble, en dépit de nos différences. »

Une fois la tournée nord-américaine de *Saltimbanco* achevée, le Cirque fut invité par la chaîne de télévision Fuji à faire une tournée au Japon au cours de l'été 1992. L'équipe décida de retenir les meilleures parties de *Nouvelle Expérience* et du *Cirque Réinventé* afin de créer un spectacle du nom de *Fascination*. Ce fut le premier spectacle du Cirque à être joué dans une arène et non sous le traditionnel chapiteau bleu et jaune. *Fascination* n'a jamais été joué en dehors du Japon.

« Les portes n'arrêtaient pas de s'ouvrir pour Guy, dit un ancien dirigeant du Cirque. Les choses ne ralentissaient jamais et devenaient même plus intenses pour lui. Nous disions en riant qu'il semblait avoir un fer à cheval dans le cul. Tout ce qu'il touchait se transformait en or. »

Les idées créatives continuaient à pleuvoir sur le Cirque du Soleil, de même que les dollars. Dans la continuité des célébrations du dixième anniversaire du Cirque, on décida de créer plus de spectacles. Un soir, au cours d'un repas dans le restaurant d'un casino de Vegas, Laliberté, Dragone et le chorégraphe Juan Isidro Casilla se mirent d'accord sur le concept de ce qui deviendrait un nouveau spectacle à succès.

Alegria, la « joie » en français, se voulait paradoxalement « triste, lourd, vraiment dur », comme l'avait expliqué Dragone à Laliberté. Présentant une combinaison imposante d'éclairages et de musiques sombres, la production du spectacle coûta plus de trois millions de dollars. Cet investissement colossal se révéla toutefois payant. *Alegria* fut une nouvelle réussite : le spectacle voyagea à travers le monde à guichets fermés et sa bande sonore devint l'album le plus vendu du Cirque. L'empire de Laliberté, désormais estimé à plusieurs centaines de millions de dollars, ne cessait de prendre de l'ampleur et de faire des envieux. Guy reçut de nombreuses offres d'achat, mais refusa de les prendre au sérieux.

« Les gens essayaient de convaincre Guy de transformer le Cirque en Disney, mais il n'en avait aucunement l'intention, affirme un proche associé de Laliberté. Il a fait tout qu'il a pu pour rester fidèle à ses racines, en dépit de tout l'argent qu'on lui faisait miroiter pour racheter le Cirque. Il aurait facilement pu accepter l'une de ces offres, décider de se relaxer, de faire la fête et de voyager à travers le monde pour le reste de ses jours. Mais il ne l'a pas fait. Sa mission, c'était de continuer à développer le Cirque et à le rendre encore meilleur. Et rien ne pouvait le détourner de sa route, pas même une offre d'un milliard de dollars. Le Cirque aurait probablement été rapidement ruiné s'il avait démissionné à ce moment-là. Mais Guy veillait à protéger son bébé. »

Le Cirque commença à préparer davantage de méga-productions. *Quidam*, « le passant inconnu » en latin, fut lancé en avril 1996. Il s'agissait de la neuvième production du Cirque à Montréal. Pour ce spectacle, l'équipe de créateurs de Franco Dragone et Michel Crête avait pris d'énormes risques, concevant un système de câbles aériens qui facilitait l'entrée et la sortie des artistes sur scène. Durant les représentations, les membres de la distribution restaient parfois longuement accrochés dans les airs au moyen d'un harnais.

Quidam s'embarqua dans une tournée nord-américaine de trois ans qui attira plus de deux millions et demi de personnes. L'homme qui, quelques années auparavant, exécutait des numéros de cracheur de feu dans les rues n'avait sans doute jamais imaginé qu'il produirait des spectacles se jouant à guichets fermés devant des millions de personnes un peu partout dans le monde. Laliberté entrait dans l'Histoire chaque jour un peu plus.

Le succès incroyable du Cirque incita Laliberté et son associé Daniel Gauthier à construire de nouveaux bureaux à Montréal. Le nouveau siège fut érigé dans un ancien quartier industriel de la ville, à St-Michel, tout près d'une énorme déchetterie. Peu importe les sommes d'argent que le Cirque rapportait, Laliberté voulait qu'il ne s'éloigne pas de ses racines, la rue.

Laliberté et Gauthier voulaient que les locaux offrent un environnement de pointe combiné à un centre de formation de classe mondiale. Ils souhaitaient également que ce nouveau siège génère une culture d'admiration et de compréhension mutuelles entre le monde de l'art et celui des affaires. La structure entière fut conçue pour permettre à tous ceux travaillant dans des bureaux de pouvoir voir par leur fenêtre les studios de danse, la salle de gymnastique, les séances de répétitions et les équipements acrobatiques. Cela permettait à chacun de se rappeler que la compagnie avait été bâtie grâce à la sueur et au dur labeur de ses interprètes. « Guy voulait que tous gardent les pieds sur terre en leur rappelant comment tout avait commencé, indique Denis. Il ne voulait pas que les gens oublient. Il souhaitait que chacun voue un respect bien mérité aux artistes. »

Après le spectacle suivant, *La Nouba*, le Cirque connut un bouleversement majeur. Franco Dragone et Michel Crête décidèrent qu'il était temps de passer à autre chose. Dragone devint le directeur artistique du spectacle d'une autre grande artiste du Québec, Céline Dion, qui allait être joué pendant plus de quatre ans à Vegas. Bien que Dion ait été, de loin, l'artiste solo à connaître le plus de succès dans l'histoire de la province, son époux et impresario René Angélil était envieux de l'énorme réussite de Laliberté. D'un point de vue financier, la carrière de Dion faisait en effet pâle figure en comparaison du Cirque, même si la chanteuse jouissait d'une notoriété équivalente en Amérique du Nord et en Europe. Angélil, joueur invétéré et fan d'un autre célèbre artiste de Vegas, Elvis Presley, était désireux d'obtenir sa part du gâteau. Il fit à Dragone une proposition qu'il ne pouvait pas refuser.

« Laliberté prétendait appuyer la décision, mais au fond de lui-même, je ne pense pas qu'il ait apprécié la façon dont Angélil s'y était pris pour mettre la main sur son principal créateur », affirme le journaliste Esmond Choueke, qui couvre la carrière de Céline Dion depuis ses débuts. « Leurs relations étaient en apparence cordiales, mais en coulisses, chacun parlait dans le dos de l'autre. Même si Laliberté soutenait la venue de Dion à Vegas, il ne pouvait pas non plus s'en réjouir. Elle allait lui faire de l'ombre. Et soyons franc, hormis son amour du jeu, Laliberté ne partageait rien d'autre avec Angélil, qui avait l'âge d'être son père. Ce n'était pas comme s'ils allaient sortir ensemble tous les soirs pour faire la tournée des bars et s'amuser. Si Angélil avait essayé ne serait-ce qu'une seule nuit de suivre le rythme de vie endiablé de Guy, il serait probablement tombé raide mort d'une crise cardiaque. »

Pour le nouveau spectacle en préparation, Laliberté stupéfia tout son entourage en embauchant Guy Caron pour remplacer Dragone. Tout le monde se souvenait que quelques années auparavant, Caron avait brusquement quitté le Cirque. Apparemment, les deux hommes avaient récemment renoué leur amitié. Le nouveau scénographe était Stéphane Roy, qui avait travaillé avec Laliberté et Gauthier à Baie-Saint-Paul à l'auberge de jeunesse du Balcon Vert. Caron abandonna le style tranchant de

Dragone pour revenir aux thèmes plus traditionnels du *Cirque Réinventé*, au grand mécontentement des gens proches du Cirque.

« Guy a toujours voulu conserver son cercle d'amis intimes, même si certains l'ont parfois trahi, dit Denis. Il voulait rendre heureux les gens qui l'avaient soutenu depuis ses débuts. C'est en agissant ainsi qu'il se sentait le plus à l'aise, même si ceux qui travaillaient au Cirque à ce moment-là étaient en désaccord. Je crois que la fidélité est l'une de ses plus grandes qualités. »

Plusieurs éditeurs sollicitèrent Laliberté afin d'écrire ses mémoires, mais lui pensait qu'il était encore trop tôt. Il expliqua à un éditeur que jusqu'à ce qu'il mène une vie bien remplie avec des enfants et des petits-enfants, il ne serait pas prêt à raconter son histoire. Son rêve allait peut-être bientôt pouvoir se réaliser. Si Laliberté était incontestablement un homme à femmes, il n'avait jamais ressenti jusqu'alors de réelle alchimie avec l'une de ses conquêtes. Or, il allait bientôt faire la connaissance d'une femme mystérieuse de quinze ans sa cadette qui allait radicalement changer sa vie.

11

La musique qui sortait des enceintes du coupé sport d'un demi-million de dollars était assez forte pour être entendue trois blocs plus loin. C'était au cours de l'été 2006, à Montréal. Rizia Moreira prenait alors beaucoup de plaisir à faire le tour de la ville au volant de la Porsche GT de son ex-petit ami, le riche homme d'affaires québécois Herbert Black, magnat de l'industrie métallurgique. Lorsque les policiers arrêtèrent la grande Sud-Américaine merveilleusement bien roulée pour vérifier son identité et la propriété du véhicule, l'un d'entre eux fit remarquer qu'il ne connaissait qu'une seule autre voiture du genre dans le coin, et qu'elle appartenait à un milliardaire notoire. « C'est mon ex ! » lui répondit Rizia Moreira.

J'avais été présenté pour la première fois à Moreira quatre ans plus tôt, durant l'hiver 2002. Tout avait commencé par un coup de fil chez moi. À l'autre bout du téléphone, Dione Cunha, une vibrante Brésilienne à la peau noire comme une olive, un peu extravagante sur les bords. Elle venait d'emménager à Montréal pour épouser mon ami Joël Teitelbaum, par ailleurs président de La Senza Lingerie.

« Ian chéri, j'ai besoin que tu me rendes un grand grand service, m'a supplié Cunha. J'ai une amie qui cherche désespérément un bon avocat. Je sais que ton oncle est un juge réputé (Morris Fish, juge de la Cour Suprême du Canada). Peut-être pourrais-tu lui demander une faveur ?

– Est-ce que tu as perdu la tête, Dione ? Je ne pourrais jamais lui demander une chose pareille. Hors de question que je l'utilise de la sorte ! lui ai-je répondu.

Étant journaliste d'investigation depuis longtemps, l'une des premières choses que j'ai faites lorsque je me suis lancé, a été de m'entourer des meilleurs conseillers juridiques, juste au cas où. J'ai ainsi été en contact avec quelques-uns des meilleurs avocats de Montréal.

Je trouvais ça étrange que Dione cherche à aider quelqu'un qui s'opposait à Laliberté. Chaque fois que je l'avais croisée depuis notre première rencontre dix mois plus tôt, elle m'avait répété à quel point c'était un homme merveilleux. Elle m'avait souvent dit qu'elle adorerait le rencontrer. Peut-être était-elle pressée de grimper à l'échelle sociale de sa nouvelle ville. Approcher Guy lui permettrait en effet d'accéder par la grande porte aux fêtes prestigieuses de l'élite montréalaise. « J'aimerais beaucoup être invitée à sa réception, m'avait-elle confié un jour. Halperin, connais-tu quelqu'un qui pourrait nous faire entrer. Je ferais n'importe quoi pour y aller. »

J'étais assez mal à l'aise parce que tout comme Rizia Moreira, Dione Cunha était une grande, voluptueuse et séduisante Brésilienne fraîchement débarquée au Canada après être tombée amoureuse d'un petit homme chauve aux poches bien pleines. Toutes les deux convoitaient le même genre d'hommes. Étrange coïncidence !

Je me suis donc rendu le lendemain dans l'appartement spacieux de Rizia Moreira à Montréal, situé dans « Le Cartier », un immeuble luxueux de la rue Peel. J'avais déjà visité l'endroit à plusieurs reprises parce que mon avocat, Julius Grey, y avait son bureau d'affaires. Une grande jeune femme m'a ouvert la porte. Elle portait des lunettes de soleil et un manteau en cuir hors de prix par-dessus son jeans. Elle s'est présentée à moi comme étant « Rizia ». Nous nous sommes tout de suite bien entendus. On est descendus prendre un café et on a longuement discuté de la beauté du Brésil et de nos enfants respectifs. Elle ne semblait pas avoir plus de 20 ans, alors qu'elle en avait déjà 27 et qu'elle était maman de trois enfants qu'elle avait eus avec son ex, Guy Laliberté.

Elle a longuement évoqué son sentiment d'isolement dans sa ville d'adoption, ses difficultés à parler une langue qui lui était étrangère et le fait d'avoir très peu de vrais amis à Montréal. Je l'aimais bien. J'ai cru la plupart des choses qu'elle m'a confiées.

Elle m'a dit que Dione lui avait parlé de mon oncle comme de quelqu'un de très puissant et m'a demandé si je pouvais l'appeler pour avoir ses conseils quant à sa situation de famille critique. Je lui ai répondu qu'il y avait peu de chance mais que je connaissais un avocat qui pourrait être intéressé. Il me fallait d'abord en savoir un peu plus. Durant les trois heures qui ont suivi, elle m'a tout raconté, y compris les détails juteux.

Rizia m'a expliqué que sa relation avec Laliberté avait été compliquée dès le départ. Il cherchait depuis longtemps la femme idéale, celle qui mettrait un terme à sa réputation de coureur de jupons. Pourtant en choisissant Rizia, il s'était engagé dans la relation la plus excentrique qu'il ait eue jusque-là. Son aventure la plus sérieuse remontait à ses débuts à Baie-St-Paul, avec une étonnante Québécoise du nom d'Hélène Dufresne dont il était tombé amoureux. Elle avait décidé de rompre en 1986 parce qu'elle ne se sentait plus capable de tolérer le style de vie effréné de son petit ami. Le hasard a voulu qu'elle tombe amoureuse, plus tard, de l'associé de Laliberté, Daniel Gauthier, qu'elle a épousé en 1991.

Guy rencontra Rizia lors d'un voyage au Brésil en 1992. Il fut frappé par la beauté de cette terre exotique, de ses paysages comme de ses habitants, plus particulièrement ces femmes magnifiques arborant leur fameux bikini. Il était en extase devant ces superbes créatures qui défilaient à moitié nues sur les vastes étendues de sable fin. Un après-midi, alors qu'il flânait sur la plage, Laliberté remarqua une superbe fille bronzée. Elle était allongée sur le sable et prenait le soleil. N'étant pas de nature timide, il ne se démonta pas, s'approcha d'elle et lui demanda son nom. Elle ne comprenait pas un mot de ce qu'il disait et lui fit signe de la laisser tranquille. Mais il insista et tenta de lui parler en espagnol. Il avait décidé qu'il ne partirait que lorsqu'elle aurait accepté de sortir avec lui. « Au début, il ne m'attirait pas du tout, reconnaît Moreira. Mais il était tellement insistant que j'ai fini par le trouver drôle. Ainsi, malgré notre différence d'âge, j'ai cédé. Nous sommes très rapidement tombés amoureux. »

Rizia est originaire de la riche région minière et agricole de Belo Horizonte, qui signifie « bel horizon » en portugais. Le cœur de la métropole est peuplé par plus de six millions d'habitants. Belo Horizonte, la capitale de l'État du Minas Gerais, possède une scène artistique et culturelle florissante. C'est le berceau de certains des groupes de musique et de danse brésilienne les plus populaires au pays, y compris Grupo Corpo, la troupe de danse contemporaine la plus célèbre au Brésil.

Rizia fut élevée dans un milieu ouvrier où lui furent inculquées les bonnes valeurs. Mais elle était considérée comme le petit mouton noir de la famille ; elle était bien plus rebelle que ses frères et sœurs. Ses deux sœurs étaient parties vivre à l'étranger avec des hommes accomplis et soucieux de fonder une famille. L'un de ses frères était allé travailler pendant des années au Cirque du Soleil. « Rizia a toujours fait ce qu'elle voulait, elle était toujours prête à faire la fête, dit un vieil ami qui a grandi à ses côtés. C'est vrai qu'elle était libertine, mais elle a toujours respecté les autres et préservé son sens de la famille. C'est très certainement ce qui a plu à Guy. Elle venait d'une famille unie et c'est ce qu'il recherchait pour élever ses enfants. Quand il est tombé sur Rizia, il a vu en elle la perle rare avec laquelle il allait passer le reste de sa vie. »

Leur liaison allait durer dix ans, malgré un démarrage difficile parce que les parents de la jeune femme désapprouvèrent énergiquement son choix. La différence d'âge de quinze ans et la relation à distance les incitèrent à douter de la sincérité des sentiments de Laliberté. Un soir, Guy exaspéra tellement le père de Rizia que ce dernier le menaça d'appeler la police. Il avait amené avec lui un ami, le fils d'un ministre du gouvernement du Québec, pour lui servir de traducteur. En portugais, l'ami essaya de convaincre M. Moreira que le petit touriste chauve était follement amoureux de sa fille, même si elle semblait ne pas avoir encore 17 ans. « Je ne vois pas le but de tout ceci, lui répondit M. Moreira. Je ne sais même pas si c'est légal. Dans certains pays, cet homme pourrait être envoyé en prison pour détournement de mineure. Je préfère qu'ils restent amis. »

Lorsque Laliberté expliqua qu'il avait l'intention d'emmener Rizia avec lui à Montréal, les parents de la petite explosèrent de rage. Guy souhaitait lui faire découvrir sa ville natale et lui montrer un spectacle du Cirque. Problème de taille, elle ne pouvait quitter le pays sans avoir leur permission. Ils acceptèrent d'être ses garants pour qu'elle obtienne son passeport, mais lui recommandèrent de ne surtout pas quitter le Brésil. Elle passa outre leur avis, persuada un policier de la laisser sortir du pays et sauta dans le premier avion pour le Québec.

Les Moreira furent très mécontents en l'apprenant. Rizia se souvient que son père lui avait dit : « J'ai l'obligation de te loger et de te nourrir, mais tu peux oublier toutes ces belles choses que tu aimes tant ! ». Quand elle répéta les inquiétudes de son père à Guy, il aurait répondu, sur le ton de la colère : « Dis-lui d'aller se faire voir ! ». À compter de ce moment, il décida de subvenir à tous ses besoins, de sorte qu'elle n'ait plus à compter sur ses parents. Il la combla de tout ce que la vie pouvait offrir de mieux : vêtements de créateurs, bijoux, voyages autour du monde. Sa vie allait changer pour toujours.

Rizia fut excessivement reconnaissante pour le temps qu'elle avait passé aux côtés de Guy à Montréal. Le couple faisait la fête tous les soirs, mangeait dans les meilleurs restaurants et dévalisait les boutiques de vêtements les plus chers de la ville. « J'ai vécu les meilleurs moments de ma vie la première fois que j'ai rejoint Guy, m'a-t-elle confié. Il me traitait comme une reine. J'avais l'impression que je venais de rencontrer un prince. Je me rends compte aujourd'hui que j'étais jeune et naïve. J'avais complètement perdu la tête ».

Elle était néanmoins devenue dépendante de Laliberté. Il prit soin d'elle, la protégea et devint son guide. Elle pensa qu'il pourrait la guérir de son passé endiablé, mais elle se trompait royalement. Les habitudes libertines de Guy n'allaient rien arranger du tout, bien au contraire. En raison de ses grandes attentes, Rizia risquait de se sentir tôt ou tard trahie.

« Elle avait été choisie pour devenir le trophée de Guy, résume un ami intime de l'ex-couple. Elle était d'ailleurs tout à fait disposée à jouer le jeu. Guy avait besoin d'une femme sublime à ses côtés partout où il allait. C'était bon pour son image et excellent pour les affaires. Ce que Rizia ne réalisait pas, c'était qu'un jour, tout pouvait se terminer. Même si Guy est l'une des personnes les plus gentilles que j'ai connues, ça reste un fêtard de la jet-set. Sa richesse et son pouvoir étaient extrêmement attirants pour certaines des plus belles femmes du monde. Il n'y avait aucune chance pour que son aventure avec Rizia dure. C'était aussi prévisible qu'une tempête de neige à Montréal au mois de janvier. »

Rizia suivait Laliberté partout, dans les galas, aux avant-premières et même dans ses réunions d'affaires. Pour lui, c'était incroyablement valorisant d'être vu avec une femme aussi fascinante et mondaine à ses côtés. C'était une affirmation glorieuse de sa virilité. Il aimait ce qu'elle dégageait, sa façon de s'habiller et de se tenir avec une grâce naturelle. Leur histoire d'amour remodela leur vie respective.

Rizia dit qu'elle éprouva de la difficulté à surmonter l'isolement imposé par les collègues de son petit ami, et ce dès son premier voyage à Montréal. Les amis de Guy furent peut-être agacés par son omniprésence. Peut-être aussi leur fallait-il lutter plus qu'à l'accoutumée pour attirer l'attention du chef. « La plupart de ses proches étaient gentils avec moi mais ils parlaient dans mon dos, assure Rizia. Ils étaient jaloux du temps que Guy passait avec moi. Pour eux, j'accaparais le temps qu'il aurait pu passer en leur compagnie ou durant lequel il aurait pu travailler au Cirque. Leur ressentiment était palpable dès les premiers instants, mais je voulais que ça se passe bien donc je fermais les yeux sur tout ça. »

Au cours des deux années qui suivirent, les tourtereaux se baladèrent un peu partout dans le monde, louant des suites dans les meilleurs hôtels et vivant « la vida loca ». Ils partageaient une folle passion pour les voyages, la romance et le sexe. Ils faisaient d'ailleurs fréquemment l'amour cinq fois par jour.   « J'aime le sexe, me révéla un jour Rizia. Ça fait partie de ma culture. On prenait tous les deux beaucoup de plaisir. C'est l'une des raisons pour lesquelles ça fonctionnait si bien au début. On s'aimait passionnément. Mais à la longue, ça a un peu changé et ça a contribué à nous éloigner l'un de l'autre. »

Le couple se rendit au Japon, en Espagne, en France et à Los Angeles, une ville que Moreira n'aimait pas particulièrement. « Ce n'est pas une ville authentique, se justifie-t-elle. Je préfère une ville comme New York parce qu'elle ne dort jamais ». Pour ses 18 ans, ils dansèrent toute la nuit dans une discothèque très à la mode à Tahiti. Laliberté lui sortit le grand jeu. Il réserva la meilleure chambre d'hôtel de l'île et la couvrit de cadeaux hors de prix, dont un collier de diamants. Il dépensait de l'argent comme si les dollars poussaient dans les arbres.

« Au début de leur relation, il n'y avait aucune limite, révèle un ami du couple. Lorsque Guy décidait de donner le meilleur de lui-même, il était imbattable. Il voulait donner à Rizia tout ce qui était en son pouvoir pour lui montrer l'intensité de son amour. Il ne se rendait pas compte, à cette époque, qu'il était en train de créer un monstre par la même occasion, une femme qui allait finir par croire qu'elle ne méritait que ce qu'il y a de meilleur. Quant à Guy, il finirait par le regretter amèrement. »

Laliberté et Rizia se rendirent au Brésil à treize reprises les deux premières années. Les parents de la jeune femme étaient préoccupés parce qu'elle était obnubilée par son riche amoureux québécois et qu'elle avait quitté l'école. Elle décida de s'installer définitivement au Canada pour faire des études d'architecture. Guy promit de les lui financer si elle venait à Montréal. « Où vivrai-je ? » lui demanda-t-elle. Ce à quoi il répondit : « Avec moi, évidemment ! ».

En suivant le fil de leur histoire, il apparaissait clairement que Guy Laliberté ne désirait rien de plus que de rester le compagnon de Rizia.

Lorsque Rizia déménagea à Montréal en 1995, elle s'inscrivit à plusieurs cours de langues à l'Université McGill, travaillant dur pour s'intégrer dans la société québécoise et s'adapter à la culture locale. Elle fut également embauchée comme mannequin dans l'une des plus grandes agences de la métropole. La grande Brésilienne était d'ailleurs prise pour un top model partout où elle allait. Sa manière de s'habiller et de se comporter donnait l'impression qu'elle sortait tout juste d'une séance de shooting pour le magazine *Vogue*.

Rizia obtint aussi un cours accéléré sur les mondanités montréalaises. Elle était désormais inscrite sur toutes les listes VIP des clubs branchés. Pour la première fois de sa vie, elle prit de la drogue, la cocaïne ayant sa préférence. Elle en abusait de temps en temps pour se donner des forces. « Je n'avais jamais consommé ce genre de substances avant de faire la connaissance de Guy, dit-elle. J'avais l'habitude de faire la fête au Brésil, je sortais pour aller danser toute la nuit avec des amis, mais sans pour autant me droguer. Avec Guy, j'ai pénétré dans un tout nouvel univers. Il en prenait beaucoup et moi je l'accompagnais dans ses expériences. Comment aurait-il pu en être autrement ? J'étais si jeune à l'époque. »

La lune de miel du couple n'allait pas durer longtemps. Les nombreux engagements de Laliberté envers le Cirque le contraignaient à reprendre souvent la route. Et lorsqu'elle le suivait, Rizia prenait du retard dans ses travaux scolaires. Elle était étourdie par la vie effrénée de son homme. Laliberté lui dit qu'il voulait avoir des enfants, mais il ne voulait pas que le mariage soit une condition. « Il me dit un jour qu'il voulait avoir beaucoup d'enfants, avec moi ou avec d'autres femmes, se souvient-elle. Mais à chaque fois que j'évoquais le mariage, il se mettait en colère. J'ai dû me faire une raison et regarder la réalité en face : j'étais avec un homme qui n'avait aucunement l'intention de me passer la bague au doigt. Ça m'a brisé le cœur. »

Ce fut le début d'une interminable lutte entre le play-boy et le mannequin. Elle voulait se marier, il voulait aller au lit. Elle le voulait rien que pour elle, il ne voulait pas être domestiqué. Aujourd'hui tout cela apparaît assez clair. Devait-on la blâmer ? Celui avec qui elle vivait n'était rien de moins que l'un des hommes les plus puissants et les plus célèbres du Canada. Il fréquentait des strip-teaseuses, des danseuses et des mannequins où qu'il aille. Mais lorsqu'il était avec Rizia, il se comportait en parfait gentleman et lui offrait une vie faste à laquelle tant de gens rêvent. Après tout, il ne s'était jamais formellement engagé. Il l'avait laissé prendre l'initiative de le suivre et de s'installer avec lui.

Au fil des mois, Guy Laliberté apparut davantage comme une figure paternelle pour Rizia. Il semblait ressentir un mélange d'attirance sexuelle et de pitié, mais en tout cas, pas le « grand amour ». Rizia exigeait malgré tout de Guy qu'il soit aimant et fidèle, moyennant quoi elle acceptait presque tout ce qu'il lui demandait. Pourtant, lorsqu'elle l'appelait sur la route, il arrivait souvent qu'une autre femme réponde. « Je savais qu'il voyait d'autres femmes, assure-t-elle. Mais que pouvais-je faire ? Je ne pouvais pas le lui reprocher. Moi-même, lorsque je retournais au Brésil pour rendre visite à ma famille, je ne me privais pas, je ne restais pas à la maison à regarder les murs. »

Lorsqu'elle se sentait seule, elle se tournait vers d'autres hommes pour retrouver la chaleur et la sécurité que Laliberté n'était plus en mesure de lui fournir. Plus le temps passait et plus elle se sentait célibataire dans sa tête. « Ses sautes d'humeur étaient de trop pour moi, affirme-t-elle. Un jour il était adorable, le lendemain il était de mauvais poil et me hurlait dessus. Je pleurais presque chaque jour. Et je me sentais de plus en plus seule. »

Un ami intime de l'ancien couple dresse cependant un autre tableau de la relation. Il raconte que l'immaturité de Rizia avait fini par fatiguer Laliberté qui était devenu blasé. « Elle n'était jamais contente, quoi que Guy fasse pour elle. Il en avait ras le bol de cette situation. Si Rizia n'obtenait pas ce qu'elle voulait, elle perdait le contrôle de ses émotions et se mettait à pleurer. Elle n'arrivait pas à accepter le fait que Guy était un chef d'entreprise, avec un emploi du temps surchargé et de nombreux engagements qui réduisaient considérablement le temps à passer ensemble. Elle semblait ne pas réaliser que tous les vêtements qu'elle s'achetait et la vie luxueuse qu'elle menait n'était possible que grâce à l'investissement professionnel de Guy. Mais d'où croyait-elle que venait l'argent ? Elle se comportait comme si c'était la reine de Montréal et qu'on devait se plier à ses moindres désirs et caprices. Guy a une fortune considérable, mais il a bossé dur pour ça. Je ne pense pas en revanche que cette femme ait travaillé ne serait-ce qu'un seul jour dans sa vie. »

Rizia Moreira éprouvait également une grande culpabilité d'avoir laissé sa famille derrière elle au Brésil. « Elle essayait toujours de l'amener à se sentir coupable, poursuit l'ami de Laliberté. J'imagine qu'elle le faisait parce qu'elle se sentait délaissée. Tout cela pour dire qu'il ne fallait pas être devin pour prévoir une rupture imminente. Ils étaient à la fois si différents et si semblables sur certains points. Enfin, peu importe, leur relation ne pouvait pas durer. »

Au cours de l'été, Laliberté révéla à Rizia qu'il avait des doutes. Il nia qu'il voyait d'autres femmes, même si elle le poussa à avouer. Elle dit qu'elle avait fondu en larmes, se sentant seule et paumée. Lorsqu'il s'envola pour l'Europe à destination de la Sardaigne, elle réserva un billet pour le prochain vol afin de le suivre. Elle était convaincue qu'il allait rencontrer une autre femme sur son voilier à trente-cinq millions de dollars. Elle passa deux semaines à tenter de le retrouver avant de réserver un vol pour Berlin, où elle savait qu'il était attendu à une avant-première. Elle le repéra finalement à son hôtel et se présenta à sa porte. Elle voulut vérifier s'il était seul ou avec une autre femme. Laliberté lui demanda de ne pas entrer, mais elle vit les valises de quelqu'un d'autre par la fente de la porte. Il la laissa finalement entrer et c'est là qu'elle tomba nez à nez avec une célèbre top model noire assise sur le lit. Elle tenta de lui sauter dessus, mais Laliberté la retint. Rizia menaça alors de sauter par la fenêtre de la chambre, criant qu'elle voulait causer un énorme scandale à ses dépens. Il la supplia de ne pas sauter.

« Il me conseilla de passer à autre chose et de ne pas faire de bêtise, se souvient-elle. Je n'avais jamais été aussi fâchée de ma vie. Je l'aimais et il me prenait pour une véritable imbécile. J'avais très envie d'en finir et de me suicider. Notre relation était devenue une mauvaise plaisanterie, pleine de mensonges, de violence et de stratagèmes ridicules. »

Qu'il y ait eu ou non une réelle violence physique – ce que seuls Moreira et Laliberté peuvent savoir – leur comportement ressemblait étrangement à celui de bien des couples violents : attachement à la tradition, caractères possessifs, forte émotivité, méfiance, colère et esprit de rébellion.

Rizia s'enfonça progressivement dans la dépression. « Il rentrait à la maison après avoir couché avec d'autres femmes et faisait l'amour avec moi. Il m'a filé des maladies sexuellement transmissibles que j'aurais pu éviter s'il avait été honnête avec moi. Au début, je ne voulais pas croire qu'il me trompait alors je fermais les yeux. Si j'avais su, je n'aurais jamais fait l'amour avec lui. Un matin, je me suis réveillée avec des rougeurs, j'étais furieuse. Non seulement il était infidèle, mais en plus, il mettait ma santé en danger. »

Rizia m'expliqua qu'elle avait souhaité fuir Laliberté mais qu'elle n'en avait pas eu la force. Elle se sentait trop faible et complètement épuisée émotionnellement. Par ailleurs, elle se faisait du souci pour la santé de Guy parce que c'était un gros fumeur, qu'il buvait beaucoup d'alcool et consommait régulièrement de la drogue. « Guy et moi fumions beaucoup, reconnaît-elle. Ce n'était pas l'environnement le plus sain qui soit. Je n'arrivais pas à arrêter de fumer parce que j'avais commencé très jeune. Mais je mangeais sainement pour tenter d'équilibrer le tout. Guy, lui, était complètement hors de contrôle. Il ne semblait pas du tout s'en inquiéter. C'était comme s'il pensait que rien ne pouvait l'atteindre, qu'il était au-dessus de tout. Tel que c'était parti, je pensais qu'il ne vivrait pas vieux, que tout ça le rattraperait. Je constate aujourd'hui que j'avais tort. Je dois admettre qu'il est très résistant. Je ne dis pas que c'est une bonne chose, mais de toute façon, il ne laisserait personne s'opposer à ses habitudes de vie. Ni moi, ni les drogues, ni rien. C'est peut-être la raison pour laquelle je suis tombée amoureuse de lui, sa propension à vivre tout à l'extrême. »

Rizia prit aussi conscience que les gens qui se rapprochaient d'elle n'étaient en fait intéressés que par le riche fondateur du Cirque du Soleil. Elle s'en voulut d'avoir aimé sa fulgurante ascension sociale. « Les gens m'utilisaient pour mieux se rapprocher de Guy. Je ne pouvais vraiment pas savoir à qui faire confiance. Je devais vivre ma propre vie, ça devenait urgent. Si je n'agissais pas, j'allais finir très malheureuse, déprimée et suicidaire. »

Plus tard cette année-là, Rizia allait réussir à se reprendre. Mais pour Laliberté, le plus important était ailleurs.

12

Suite à ma première rencontre avec Rizia, j'ai pu mesurer à quel point elle était furieuse contre Laliberté pour tout ce qui s'était passé. Elle s'en voulait également d'avoir tout accepté si facilement et de se sentir coupable. À l'évidence, elle était encore envahie par la colère. Elle ne pouvait dissimuler sa confusion et ses tourments, multipliant les attaques contre l'homme qui l'avait introduite dans un monde d'opulence, de luxure et de chaos.

Selon elle, ce n'était pas la première fois qu'une femme était victime du charme envoûtant de Laliberté et était totalement aveuglée par son apparence unique ; et ce ne serait sûrement pas la dernière. Aujourd'hui, elle se souvient de cette période comme la plus tourmentée de sa vie.

« Ce n'était pas surprenant qu'il soit le maître du cirque, me confia-t-elle. C'était le maître de la supercherie, des tours de passe-passe et des combines. Le problème, c'est qu'il le faisait à mes dépens. J'avais placé tout ce que j'avais en lui : mon amour, ma vie et mon avenir. J'ai été énormément déçue. Il fallait que je fasse quelque chose pour changer de vie parce que je tombais chaque jour un peu plus bas. Je réalisais que j'avais fait une grosse erreur de croire ce qu'il m'avait dit. J'ai été tellement stupide ! »

Plusieurs des personnes que j'ai interviewées pour ce livre et qui étaient proches du couple proposent une version des événements plus mesurée. Une amie de Rizia considère que ce sont ses émotions de plus en plus instables qui ont fait voler la relation en éclats.

« Guy était un homme très occupé, mais Rizia voulait qu'il lui consacre toute son attention, indique cette amie. Il ne pouvait tout simplement plus gérer son déséquilibre émotif. Elle avait des hauts et des bas, tel un yo-yo. Un moment elle était heureuse, puis la seconde d'après, elle était malheureuse. Peu importe ce qui s'est réellement passé, je ne suis pas près de verser des larmes sur son sort. Guy lui a donné tout ce que l'on peut rêver de mieux, une vie de luxe que très peu ont le privilège de goûter. Comment la plaindre ? Lorsqu'on entend sa version de l'histoire, on croirait qu'il a essayé de la tuer. Rien n'est moins vrai ! J'étais au cœur des événements à cette époque, et laissez-moi vous dire que Guy a fait tout ce qu'il a pu pour la rendre heureuse. Mais elle ne l'était pas. Le bonheur doit avant tout provenir de notre for intérieur, mais elle ne s'en rendait pas compte. Elle pensait que le bonheur, c'était la prochaine paire de chaussures achetée chez Holt Renfrew ou les prochains billets d'avion pour Dubaï. »

Le style de vie de Rizia se mit à changer après que Laliberté ait essayé de la convaincre de retourner au Brésil. Elle le supplia de changer d'avis. Peu de temps après, une dispute éclata. Rizia lui lança des insultes et les deux amants s'engagèrent alors dans une vive querelle. Laliberté la menaça d'appeler la police. « Dégage, ou bien j'appelle les flics ! lui cria-t-il. OK, j'abandonne. Tu peux rester chez moi. Lorsque je serai ici, nous dormirons dans des chambres séparées. »

Malgré tout, ils continuaient à dormir ensemble presque toutes les nuits. Chaque fois, le scénario était le même. Ils s'engueulaient et, avant la fin de la nuit, ils se retrouvaient tous les deux dans le même lit et se livraient à de longues étreintes amoureuses. Rizia entrait dans une période où le sexe devenait son principal souci. Elle expliqua à des amis qu'elle ressentait le besoin d'avoir des rapports sexuels tous les jours, et qu'elle y pensait en permanence. Après l'école, tout en conduisant pour rentrer chez elle, elle pensait déjà à faire l'amour le soir, même lorsque Laliberté n'était pas en ville. Chaque fois qu'elle sortait en discothèque, les hommes se bousculaient pour tenter de la raccompagner chez elle.

« Lorsque Rizia entrait dans une pièce, l'air semblait se charger de testostérone, raconte une amie. Particulièrement quand Guy n'était pas en ville. Il était difficile de trouver un seul homme qui n'ait pas les yeux fixés sur elle. La rumeur circulait qu'avec Guy, ils étaient séparés. Qui pouvait bien ne pas vouloir se retrouver au lit avec elle ? Aucune autre femme dans la pièce ne respirait autant le sexe que Rizia. Habituellement, elle allait sur la piste de danse et commençait à danser seule. À peine cinq secondes plus tard, un type s'approchait et essayait de faire d'elle sa prochaine partenaire pour la nuit. Elle attirait les hommes comme aucune autre femme ne pouvait le faire à Montréal. C'était une star. »

Laliberté, lui non plus, n'était pas un empoté. Lorsqu'il était encore dans la fleur de l'âge, à l'époque où il n'était qu'un simple cracheur de feu jouant de la musique pour payer son prochain repas, il avait eu un corps parfaitement proportionné, de longs cheveux et un sourire ravageur qui en avait fait fondre plus d'une. Avec les années et ses habitudes de fêtard, la graisse s'était accumulée. Même s'il était toujours beau, il avait un ventre légèrement ballonné, typique de la plupart des hommes au milieu de la trentaine ayant passé les vingt dernières années à profiter de la vie. Malgré tout, il épatait toujours avec son caractère aimable, sage et extrêmement charmant. Rizia était d'un naturel plutôt nerveux. Laliberté, lui, était comme une rivière : calme à la surface, et bouillonnant en profondeur.

Rizia commença à passer de plus en plus de temps dans un club appartenant à Guy où un ancien footballeur travaillait comme videur. Elle fut immédiatement attirée par lui. Un peu de plaisir allait lui faire le plus grand bien, pensa-t-elle. Un soir, dans les coulisses du club, l'ancien joueur de football plongea sauvagement sa langue dans la bouche de la jeune femme. Elle ferma les yeux et savoura le moment. Quelques heures plus tard, ils se rendirent à l'appartement de Laliberté où ils passèrent une nuit torride. Guy avait quitté la ville pendant quelques semaines. Il avait dû se rendre à Vegas pour les affaires du Cirque.

Quelques semaines plus tard, Rizia appela Guy dans un état de désillusion totale. Elle venait tout juste d'apprendre qu'elle était enceinte et voulait l'en informer. « C'est peut-être toi qui a un problème d'infertilité », lui dit-elle.

En dépit de leur rupture, Laliberté restait jaloux. Il fut accablé lorsqu'il découvrit que Rizia avait une aventure avec un autre homme. Il parlait toujours d'elle avec beaucoup d'affection.

« Guy la considérait comme quelqu'un de sa famille, comme une sœur ou comme une mère », dit « José », un ami intime de Laliberté. « En dépit de toutes leurs disputes, de tout ce qu'ils avaient enduré ainsi que de leur pénible rupture, il ne parlait jamais d'elle en mal, surtout en public. Il était encore épris de Rizia et souhaitait que tout aille pour le mieux pour elle. D'un autre côté, il était heureux d'être redevenu célibataire. Guy aime avoir le beurre et l'argent du beurre. Avec Rizia, il avait finalement trouvé son égal. Elle ne l'a tout simplement pas supporté. »

Rizia étudia toutes les options qui se présentaient à elle et exclut celle de l'avortement, qu'elle avait fortement envisagée. Elle se demandait si le fait d'élever un enfant l'aiderait à guérir tous les maux qui la rongeaient de l'intérieur. Elle n'en était pas sûre. Elle était très troublée et tenta de mettre fin à ses jours. Elle n'avait jamais été aussi déprimée et perdue.

« Mon rêve a toujours été d'avoir plusieurs enfants, dit Rizia. Mais pas à n'importe quel prix ni dans n'importe quelles conditions. Je devais prendre une décision très difficile. Je me détestais de m'être mise dans une situation aussi terrible. »

Sa principale crainte était d'avoir un enfant qui grandirait sans un père à ses côtés. Sa relation avec le joueur de football s'étant envenimée, elle prit finalement sa décision. Elle fixa un rendez-vous dans une clinique d'avortement de Montréal.

Les jours suivants, Rizia resta étendue dans son lit à l'appartement de Guy afin de récupérer. Ce fut l'un des moments les plus dévastateurs de sa vie. Ses émotions devenaient souvent incontrôlables. Elle avait de profonds regrets quant à la façon dont les choses s'étaient déroulées. Elle réalisait qu'elle ne pouvait pas revenir en arrière. « Ça a été la chose la plus difficile que j'ai jamais faite, avoue-t-elle. Après l'avortement, je ne savais plus vraiment où j'en étais. J'étais épuisée, physiquement et mentalement. »

Chose incroyable, la personne qui allait rester à ses côtés pour la consoler n'était autre que Laliberté. Bien qu'il ait finalement renoncé à exercer tout monopole sur Rizia, il restait tout de même son ami et son confident. Son attitude envers elle était complexe. Il semblait se méfier de ce qu'il pouvait posséder, et vénérer ce qui lui échappait. En dépit de tout ce qu'ils avaient dû endurer, il était là pour témoigner de l'affection à Rizia au moment où elle en avait le plus besoin.

Rizia expliqua à Laliberté ce qui s'était produit. Il réagit d'une manière qui la stupéfia. Il fondit en larmes, la consola, manifesta de profonds remords. Ils passèrent le reste de la soirée à veiller à la mémoire de l'enfant avorté, pleurant ouvertement dans les bras l'un de l'autre. Il y avait de nouveau une lueur d'espoir pour le couple excentrique.

« Je suis désolé pour tout ce qui s'est produit », dit Guy à Rizia, la tenant dans des ses bras comme un bébé. « Je ne voulais pas que les choses se passent comme ça ». Même s'il était presque impossible de stabiliser la personnalité agitée de Rizia, Laliberté démontra que, en dépit de tout son pouvoir, il pouvait être incroyablement sensible, lui aussi.

« Guy est la personne la plus compatissante que j'ai rencontrée, confie José. C'est juste que la plupart du temps, il est obligé de se protéger car tout le monde lui demande toujours des faveurs. C'est très difficile à vivre. Mais c'est la personne la plus généreuse et attentionnée que l'on puisse rencontrer. Toute sa vie, il a toujours aidé les autres à réaliser leurs rêves, de la même manière qu'il a permis à Rizia de quitter une vie difficile au Brésil pour vivre une vie aisée au Canada. Je ne l'ai jamais entendu demander quoi que ce soit à qui que ce soit. Ce qui est bien avec Guy, c'est qu'il s'épanouit en rendant les autres heureux. C'est une belle chose. »

Peu de temps après l'avortement, Rizia retourna au Brésil pour trouver du réconfort auprès de sa famille. C'était sa propre décision, mais Guy l'y avait encouragée. Elle avait besoin de changer d'air. À Montréal, elle était devenue de plus en plus déprimée et envisageait une fois de plus le suicide. Elle avait désespérément besoin d'un amour dévoué et inconditionnel. À ce stade, elle ne pouvait se satisfaire de rien de moins que cela. Sa famille était sa seule réponse.

« Je suis très chanceuse parce que j'ai toujours eu une grande famille sur qui compter, explique Rizia. Peu importe ce que j'ai fait, ils ont toujours été là pour moi, particulièrement en situation de crise. La famille est la chose la plus importante dans la vie. Sans mon extraordinaire famille, je ne pense pas que j'aurais été capable de passer au-dessus de tout ce qui s'était produit lors de mes premières années à Montréal. »

Vers la fin de l'année 1995, Rizia se lança dans une profonde introspection pour apprendre à mieux se connaître. Pour la première fois depuis des années, la jeune femme était séparée de Laliberté, émotionnellement et physiquement. Mais cela ne durerait pas longtemps.

Le soutien et les soins de Laliberté commencèrent à manquer à Rizia. Ils se remirent alors à se parler au téléphone tous les jours. Très vite, ils devinrent impatients de se retrouver de nouveau ensemble, ce qui n'allait pas tarder à se produire. Laliberté lui paya un billet d'avion afin qu'ils puissent se retrouver aux Bahamas pour la nouvelle année. À peine arrivée, elle lui annonça qu'elle planifiait de déménager à Londres pour reprendre le mannequinat. Rizia était devenue obsédée par l'idée de se forger sa propre carrière. Une des agences de mannequins les plus importantes de Londres lui avait signifié son désir de l'engager, lui disant même qu'elle avait une chance de devenir la prochaine Naomi Campbell. Une fois de plus, Rizia réussit à bouleverser le monde de Laliberté. Il la supplia de reconsidérer son choix, se jetant presque à ses pieds pour qu'elle lui accorde une autre chance. Il lui jura que dorénavant, il était prêt à payer le prix pour être son petit ami. Il accepta d'arrêter de voir d'autres femmes et de faire la fête sans arrêt, et s'engagea à mettre un terme à toutes les autres activités qui avaient si longtemps dominé son style de vie erratique. Après tant de promesses, Rizia accepta de le rejoindre à Montréal pour la Saint-Valentin. Cette nuit-là, le premier des trois enfants qu'ils auraient ensemble fut conçu.

« Guy obtient toujours ce qu'il veut, remarque Rizia. Lorsqu'il désire quelque chose, il s'arrange pour l'avoir. J'avais décidé de commencer une nouvelle vie à Londres. Rien ne pouvait m'empêcher d'y aller à l'exception d'une personne, Guy. Je ne voulais vraiment pas retourner à Montréal parce que je souhaitais repartir à zéro. Mais il a su utiliser les bons mots pour me faire changer d'avis. De nouveau, je revenais dans sa vie et de nouveau, il essayait d'être aux commandes. J'ai été la première étonnée qu'il ait réussi à me convaincre. La plupart de mes amis et ma famille ont pensé que j'étais folle. Mais de toute façon, ils trouvaient que presque tout ce que je faisais était fou. Donc aussi étonnant que cela puisse paraître, je ne pense pas que beaucoup de gens aient été choqués. »

Rizia et Guy désiraient ardemment améliorer les choses dans leur relation. Ils s'imaginèrent qu'une fois qu'ils auraient des enfants, il serait plus facile de tirer un trait sur leur longue histoire de discordes et de conflits. Ce fut pourtant exactement l'inverse qui se produisit. Rizia exigea que Laliberté l'épouse afin que leur fille soit élevée dans un environnement familial approprié. Il refusa catégoriquement.

Le Code civil du Québec stipule que les conjoints de fait n'ont pas le même statut ou les mêmes droits que les couples mariés, se distinguant ainsi du reste du Canada où ils peuvent y prétendre après un certain laps de temps. Ainsi, alors que plus du tiers des couples vivent en union de fait dans la « Belle Province », seuls les couples légalement mariés peuvent, en vertu de la loi québécoise, réclamer une pension alimentaire en cas de séparation.

« J'étais complètement aveuglée, dit Rizia. Certes, Guy me promettait par moment qu'il allait m'épouser, mais au fond il n'en avait aucunement l'intention. Il me leurrait. J'étais la mère de ses enfants et il avait du respect pour ça, mais il n'a jamais sérieusement envisagé de m'épouser. Il était très astucieux. En fin de compte, je n'étais qu'un instrument pour lui. Il m'avait dit un jour qu'il voulait avoir le plus d'enfants possible avant de quitter ce monde. Il a trouvé en moi la femme pour accomplir cette mission. »

Après l'accouchement, comme il fallait s'y attendre, les choses ne se déroulèrent pas comme le couple l'avait prévu. Rizia raconte que Laliberté continuait à jouer son rôle de pourvoyeur mais qu'il laissa la charge de s'occuper du bébé à ses soins et ceux de la nourrice. Elle explique qu'il était un père affectueux mais qu'il était plus souvent en voyage qu'à la maison, la laissant seule face à une nouvelle dépression. Leur relation s'était une fois de plus dégradée.

« Le fait d'avoir un bébé était censé changer les choses, dit Rizia. Mais en réalité, ça n'a fait que nous éloigner encore un peu plus. Guy travaillait et voyageait en permanence. Il n'avait pas beaucoup de temps à nous consacrer. J'étais très triste parce que je pensais qu'il allait ralentir un peu la cadence et se concentrer sur sa famille. Au lieu de ça, il était encore plus absent que par le passé. »

Le couple déménagea dans un spacieux manoir que Laliberté avait fait construire à Saint-Bruno, petite ville pittoresque de la banlieue de Montréal où il avait lui-même grandi. Il n'avait pas lésiné sur les dépenses, décorant chaque pièce de meubles et d'œuvres d'art provenant de différents pays exotiques. Le domaine possédait une grande piscine intérieure, une vue spectaculaire ainsi que du personnel à temps plein pour s'occuper de la cuisine et du ménage. Le multimillionnaire et sa compagne vivaient dorénavant dans l'une des résidences les plus somptueuses de la planète.

« Lorsque nous avons déménagé là-bas, j'ai trouvé cet endroit très solitaire et éloigné. Je m'ennuyais de mes amis et de l'activité du centre-ville. Dans la nouvelle maison, je me sentais vraiment isolée, avec mon bébé. C'était un peu effrayant. »

Vers le milieu de l'année 1998, la rumeur circulait que la fortune de Laliberté s'élevait dorénavant à plus d'un milliard de dollars. Le Cirque du Soleil était bien implanté à Las Vegas et plusieurs spectacles se jouaient en permanence à travers le monde. L'argent affluait comme jamais auparavant. Mais d'un point de vue personnel, les choses ne pouvaient être plus instables. Laliberté expliqua à Rizia qu'il valait peut-être mieux se séparer. Elle s'effondra et le supplia de rester avec elle pour le bien de leur fille, alors âgée d'un an et demi. Ils décidèrent de s'inscrire à une thérapie de couple. Elle n'avait jamais imaginé que les choses se dérouleraient de cette façon.

« Guy est très puissant, déclare-t-elle. Il paye les gens pour qu'ils fassent ce qu'il demande. C'est ce qui s'est produit lors de notre médiation. Il m'a entraînée dans cette thérapie pour me faire signer un document qu'il pourrait utiliser par la suite, pour que je ne puisse pas me retourner contre lui et lui demander de l'argent. »

Les choses devinrent alors beaucoup plus sombres pour Rizia. Laliberté la mit de nouveau enceinte. Malgré leurs fréquentes disputes, ils finissaient toujours par se retrouver et faire l'amour, même si ce n'était que de façon sporadique. C'était une relation faite d'amour et de haine. Cette fois-ci, Rizia fit une fausse couche. Une fois de plus, Laliberté était là pour la consoler. Peu de temps après, elle retomba enceinte. Elle menaça alors Laliberté de le quitter et de recommencer une nouvelle vie ailleurs. Elle ressentait un grand vide l'envahir. Elle en avait assez et voulait s'enfuir. Pour la énième fois, Laliberté lui promit qu'il allait changer.

La situation dans laquelle Rizia et Laliberté se trouvaient était particulièrement délicate. Ils devaient décider de leur avenir alors même que leur deuxième enfant allait bientôt naître. Le couple était dans une impasse, lorsque Rizia apprit le décès de son père. Selon la jeune femme, Laliberté profita de son deuil pour la convaincre de rester avec lui.

« Il a été très peiné d'apprendre que mon père venait de mourir et m'a apporté tout le réconfort nécessaire, confie Rizia. C'était un moment très difficile pour moi et je n'avais vraiment pas d'autre choix que de rester avec lui et d'essayer de faire fonctionner notre relation. J'étais devenue tellement dépendante de Guy qu'avec un enfant à charge et un autre qui allait bientôt naître, il m'aurait été extrêmement difficile de refaire ma vie. J'ai donc essayé de nouveau. Ce n'était pas facile parce que je savais pertinemment ce qui allait se produire. »

Paradoxalement, les amants, qui donnaient l'image d'un couple exubérant lorsqu'ils se montraient en public à Montréal, se comportaient de façon plus simple et réservée en privé. « Quand nous étions chez nous, les choses étaient relativement simples, même si nous vivions dans une très grande maison, explique Rizia. Mais le problème, c'est que ces soirées en privé étaient trop rares et espacées dans le temps. Il y avait toujours quelque chose qui forçait Guy à partir. »

Suite à la naissance de leur deuxième enfant, un garçon, les tensions au sein du couple s'intensifièrent. Laliberté était en déplacement et n'avait pas pu assister à l'accouchement. Rizia l'accusait d'être parti faire la fête à l'étranger, tandis que Guy jurait y être allé pour affaires.

Rizia affirme qu'en 1999, il ne faisait plus de doute pour elle que sa relation avec Laliberté était belle et bien terminée. Guy parvint toutefois à la convaincre de rester avec lui jusqu'à la fin de l'année. « Pourquoi n'attendrions-nous pas ensemble de voir si c'est la fin du monde, dit-il en plaisantant. Si le monde survit, alors notre couple devrait survivre aussi. »

Au cours de l'année suivante, le couple, qui s'était réconcilié, eut un troisième enfant, une fille, née au Brésil. Peu de temps après, Rizia lança un ultimatum à Laliberté. « Épouse-moi ou c'est terminé ! » menaça-t-elle. Laliberté répliqua qu'il désirait rompre de manière définitive. Il lui expliqua qu'il avait besoin d'un nouveau départ et qu'elle ne faisait pas partie de ses plans. Mais finalement, ils décidèrent de rester ensemble pour le bien de leurs trois enfants. Au cours de l'été, un incident allait toutefois porter le coup de grâce à leur relation de dix ans.

13 Laliberté entretient des liens étroits avec le milieu de la Formule 1. Il est reconnu pour organiser chaque été une énorme fête lors du Grand Prix du Canada. Le propriétaire du Cirque du Soleil a toujours été fasciné par les voitures de sport et compte parmi ses amis plusieurs des meilleurs pilotes de courses automobiles du monde.

À partir de l'été 2001, Rizia et Guy se voyaient de moins en moins. C'est alors qu'elle apprit qu'il avait repris ses petites habitudes de traîner avec des strip-teaseuses, des raveurs et une foule de fêtards patentés. Dans le courant de cet été-là, le tabloïd allemand *Bild* surprit Laliberté sur le yacht du pilote de Formule 1 David Coulthard en train de faire l'amour avec une effeuilleuse.

Après la publication de ces photos pour le moins explicites, les choses s'envenimèrent comme jamais. Rizia le menaça de révéler aux médias ses secrets les plus intimes et lui dit qu'elle allait demander la garde exclusive de leurs enfants. Guy lui répliqua qu'il se défendrait jusqu'à son tout dernier dollar. « Je l'ai prévenu que j'allais balancer à la presse quel homme il était vraiment pour que les gens sachent. J'allais parler des sommes d'argent faramineuses qu'il cachait dans son jet privé et qu'il déposait à l'étranger, mais aussi de toutes ces femmes avec lesquelles il m'avait trompée. Je lui ai dit que pour quelqu'un qui était le père de trois enfants, il se comportait de manière tout à fait irresponsable et que je ne pouvais plus l'accepter. Mais je n'avais aucune marge de manœuvre. Guy se croyait au-dessus de tout, il faisait toujours ce que bon lui semblait, même si c'était au détriment de sa famille. »

Pour Rizia Moreira, ce fut la goutte d'eau qui fit déborder le vase. Peu importe ce qui arriverait, c'était terminé, elle ne retournerait plus jamais avec Laliberté. Après avoir appris les nouvelles dévastatrices au sujet de l'histoire du yacht de Coulthard, elle passa les jours suivants à réfléchir sur sa vie, tout en observant ses trois jeunes enfants. Elle se demanda comment elle avait pu en arriver là, c'était un tel gâchis !

« Il m'a fallu un bon bout de temps avant d'avoir les idées claires, dit-elle. Je n'avais pas les qualifications requises pour décrocher un emploi, je devais m'occuper de mes trois enfants et il fallait que je reparte à zéro. C'était très dur, mais j'ai beaucoup appris en très peu de temps. Je n'avais pas trop le choix. Soit je restais assise là à ne rien faire en me lamentant sur mon sort, soit je me reprenais en main pour mes enfants. »

Dans les premiers temps, Rizia Moreira et Guy Laliberté continuèrent d'habiter ensemble, mais en menant chacun sa propre vie. C'était devenu un vrai cirque. Ils dormaient dans la même chambre mais dans des lits séparés. Et pour compliquer un peu plus les choses, Rizia fit venir sa meilleure amie de l'époque, que tout le monde appelait Kiwi. Elle dormait sur la mezzanine juste au-dessus. Lorsque Laliberté était à la maison, Rizia allait y rejoindre Kiwi. « À ce moment là, nous étions totalement séparés. J'acceptais de rester uniquement pour le bien-être des enfants. Mais depuis les photos dans la revue *Bild*, je ne pouvais plus regarder Guy en face. J'avais perdu le peu de respect que j'éprouvais encore pour lui. »

Ironie du sort, Kiwi allait être au cœur des conversations l'été suivant. Rizia avait accepté de m'aider à organiser ma retraite annuelle de yoga qui se tenait, cette fois-ci, dans la région pittoresque des Cantons-de-l'Est, située à environ quatre-vingt-dix minutes de route de Montréal. Rizia amena Kiwi avec elle. Nick Chursinoff, un musicien de Vancouver que j'avais rencontré lorsque je jouais du saxophone pour gagner ma vie, était là aussi. Au cours du séjour, Nick m'a prit à part et m'a dit : « Ian, tu connais cette femme qui est avec Rizia ? Ce n'est pas une femme, c'est un homme ! ». J'ai d'abord cru que l'air frais du coin lui avait affecté le cerveau, ou qu'il avait pris de l'acide et qu'il était en train d'halluciner. Voyant que je ne le croyais pas, il a insisté : « Je suis sérieux, regarde sa pomme d'Adam. C'est un homme je te dis ! ». Je me suis rendu dans la salle de yoga où Kiwi s'échauffait. Effectivement, il était impossible de ne pas remarquer la grande saillie osseuse qu'elle avait autour du larynx. En plus, elle avait une voix plutôt grave. Nick, qui est un gars plutôt direct, ne plaisantait pas. L'ami de Rizia était bel et bien un homme.

Passée la retraite, je me suis décidé à en parler à Rizia. Elle m'a expliqué que Kiwi avait quitté le Vietnam pour s'établir au Canada alors qu'il n'était encore qu'un petit garçon. Il avait pris la décision de changer de sexe au début de son adolescence. Rizia a plaisanté à propos de son amie, que je gardais à l'œil depuis notre première rencontre. Je n'avais plus de doutes désormais. « On dirait vraiment une femme, tu ne trouves pas Halperin ? m'a demandé Rizia. Plusieurs de mes amis sont intéressés par elle. Ils ne connaissent pas la vérité. L'un des meilleurs avocats de Montréal, qui doit avoir plus de soixante-dix ans, était tellement amoureux d'elle qu'il l'a invitée à sortir avec lui. Il l'embrassait à pleine bouche devant moi. S'il avait su qu'il était en train d'embrasser un homme, je pense qu'il serait mort sur le coup. »

Plusieurs mois avant notre semaine de yoga, Rizia avait enfin déménagé du manoir de Laliberté. La relation était devenue invivable. La seule chose qu'ils étaient capables de faire, c'était de se disputer devant leurs enfants. « Notre relation était terminée depuis longtemps. Le fait que je quitte le manoir n'était qu'une simple formalité. Je devais prendre ma vie en main. Guy était furieux parce qu'il réalisait qu'il ne pourrait plus me contrôler et s'inquiétait que je rencontre un nouvel homme susceptible de devenir une figure paternelle pour nos enfants. Il veillait à ce qu'on l'informe de mes moindres gestes, utilisant par exemple les gens qu'il avait embauchés pour m'aider à élever les enfants. Je suis sûre que tout ce que je faisais était répété. Même si nous ne vivions plus ensemble, il trouvait le moyen de contrôler ma vie. » Laliberté craignait en fait que Rizia ne retourne habiter dans son Brésil natal.

« Comment pourriez-vous lui en vouloir ? s'interroge José. Rizia était imprévisible. Elle ne savait pas ce qu'elle allait faire de sa propre vie. Guy, au moins, était capable de prendre des décisions et d'assurer un environnement stable à ses enfants. Il était très soucieux. Il avait vraiment peur qu'elle saute dans un avion et qu'elle les kidnappe. Guy avait prit toutes les précautions pour que ses enfants ne manquent de rien. De son côté, Rizia le menaçait sans arrêt. Elle semblait résolue à se venger de lui. Et ça ne s'est pas arrangé. C'était horrible. Nous, leurs amis, on s'inquiétait vraiment pour eux, on essayait de tout faire pour les aider. Vous savez, Guy et Rizia sont des personnes géniales, mais ils sont aussi têtus l'un que l'autre. On espérait au moins qu'ils soient capables de se mettre d'accord pour le bien de leurs gamins. »

Rizia et Laliberté avaient un large cercle d'amis de tous horizons, des gays, des travestis, des gens d'affaires, des danseurs ou encore des trafiquants de drogue. Mais Rizia m'affirmait qu'hormis Kiwi, tous soutenaient son ex et que c'était pour elle une bonne leçon de vie sur l'attitude des gens, sur leur allégeance par intérêt. « Ils s'étaient tous rangés derrière Guy, ils n'avaient pas le choix, assure-t-elle. C'était ça ou risquer de ne plus être invités à ses fêtes luxueuses. Mais ça m'a permis de me rendre compte quels étaient ceux qui étaient vrais et ceux qui étaient faux avec moi. Je crois que je n'aurais jamais été amie avec aucun d'entre eux si je n'avais pas été la petite amie de Guy Laliberté. Ça m'a fait mal, mais j'ai réussi à mettre ça de côté. Les gens qui vous abandonnent de cette manière ne méritent même pas d'avoir d'amis. »

Pourtant, selon des amis proches, tout ça aurait pu être résolu dès le départ. Le problème, c'est que Guy comme Rizia voulaient avoir le dernier mot.

Quelques semaines ont passé. Je suis retourné chez Rizia, dans l'immeuble « Le Cartier ». Je me suis assis sur le sofa dans le salon alors qu'elle vérifiait son courrier et ses messages téléphoniques. Elle m'a offert un verre de vin et a mis de la musique brésilienne puis est passée dans sa chambre pour se changer. J'avais pris mes aises quand Rizia est réapparue vêtue d'un déshabillé transparent. Elle a éteint les lumières et, à ma grande surprise, s'est mise à me masser les pieds. Cherchait-elle à faire l'amour avec moi ?

Nous n'avions jamais été aussi proches auparavant, même s'il nous était arrivé plusieurs fois de dormir dans le même lit lorsque nous allions coucher chez des amis avec nos enfants respectifs. Ma fille était du même âge que la plus jeune fille de Rizia. Chaque week-end, nous nous entassions dans sa Mercedes et partions en promenade ensemble. Tout comme Rizia, je venais de vivre une séparation douloureuse. Grâce à un ami commun, Rizia et ses trois enfants étaient un peu ma famille de substitution. On passait notre temps ensemble et on se parlait même au moins deux fois par jour au téléphone.

Mon cœur s'est mis à battre plus rapidement. Je n'étais pas sûr de comprendre ce qui était en train de se passer, si c'était une espèce de plaisanterie ou si nous étions sur le point d'avoir une relation sexuelle. « Détends-toi, m'a dit Rizia. J'ai seulement besoin d'être touchée. Nous pouvons être ouverts l'un envers l'autre, Halperin ». Elle m'appelait fréquemment par mon nom de famille.

Après environ une demi-heure à se caresser, nous sommes allés dans son lit. Elle a enlevé ses vêtements. C'était la première fois que je la voyais complètement nue. Elle m'a surpris en train de regarder sa poitrine, l'air un peu timide. « Dès que je serai parvenue à une entente avec Guy, je les ferai refaire », m'a-t-elle précisé, en référence à ses implants mammaires qui tombaient légèrement. « Je dois absolument les faire refaire. Mais je pense que j'irai à New York. Je ne fais confiance à personne à Montréal. Et à L.A., ça coûte très cher et ils ne font pas du bon travail. »

Dans son grand lit confortable, Rizia s'est étirée et s'est tournée face à moi. C'est là qu'elle m'a confié quelques secrets intimes. « Je vois un homme en ce moment Halperin, mais ce n'est rien de sérieux ». L'homme en question s'appelait Peter Kastiel, avocat de droit corporatif bien connu à Montréal qui conduisait une Porsche. « Je ne veux pas d'attaches. Je veux me sentir libre, pas comme avec Guy. Je suis sortie avec plusieurs hommes depuis notre rupture parce que j'en ai besoin, j'aime le contact physique ». Puis, elle m'a demandé pourquoi je n'avais jamais rien tenté avec elle. « Je préfère que nous soyons des amis, lui ai-je répondu. Ça me plaît que tu aies des enfants. C'est une opportunité incroyable parce que nous sommes tous les deux des parents célibataires. C'est une occasion exceptionnelle de passer du temps ensemble et de se sentir comme une famille, même si nous ne formons pas un couple ». Rizia a ri, et s'est retournée. « Je ne dis pas que je veux coucher avec toi, a-t-elle dit. Mais ça m'étonne, je trouve ça bizarre. Habituellement, les mecs veulent juste me baiser. Toi, tu es différent. »

Lors d'une de nos excursions, nous avions amené les enfants faire des glissades sur tube à Saint-Sauveur, à une cinquantaine de minutes de Montréal. La mère de Rizia était là pour la semaine. Guy Laliberté était généreux envers la famille de son ex car il payait toujours les billets d'avion de sa mère pour qu'elle puisse venir voir fréquemment ses petits-enfants. Par ailleurs, il employait l'un des frères de Rizia à un poste haut placé au Cirque du Soleil, et cela demeurerait le cas plusieurs années après qu'ils se soient séparés. En dépit des disputes, il s'était fait un devoir d'être honorable envers la famille de ses enfants.

Mme Moreira contrastait complètement avec à sa fille, élancée et délicate. Elle était plus petite et légèrement en surpoids. Elle semblait avoir eu une vie difficile. Seul point commun avec Rizia, elle était extrêmement extravertie. Après notre promenade, elle a avalé plusieurs bières d'affilée, comme si elle buvait de l'eau. Quelques jours plus tard, nous sommes sortis tous les trois dans un club à la mode, le « Jell-O Bar », situé sur la rue Ontario. C'était soirée Salsa. Nous avons dansé jusqu'à trois heures du matin.

Un peu avant de repartir au Brésil, Mme Moreira a pris sa fille à part et lui a assuré que j'étais l'homme idéal pour elle. « C'est avec lui que tu devrais être. Il s'occupe bien des enfants et il est gentil. Tu n'as pas besoin de chercher plus loin ». Rizia m'a ensuite rapporté les mots de sa mère qui, selon elle, m'avait adoré. Nous nous sommes alors mis à rire comme des hystériques, tout en reconnaissant qu'il ne pourrait jamais y avoir quoi que ce soit entre nous.

« Je ne sortirai jamais avec une femme qui porte de faux seins, lui ai-je dit. Ça élimine donc toute possibilité de relation amoureuse entre nous. Et la vérité dans cette affaire, c'est que tu me sembles n'être attirée que par les hommes avec des comptes bancaires bien garnis, avec un solde à huit ou neuf chiffres. Le mien en a moins de sept. »

Rizia appréciait mon sens de l'humour. Elle aimait également la liberté de ton qui régnait entre nous. Nous ne nous souciions pas de ce que les autres pensaient. Lorsque j'étais avec elle, je me sentais bien. Et ça lui plaisait d'être en ma compagnie. C'était bon pour mon ego de marcher à Montréal aux côtés de la plus belle fille de la ville, mais j'essayais de garder les pieds sur terre et d'éviter de prendre la grosse tête. Nous n'étions finalement que de simples êtres humains autocentrés sur notre petit monde.

Rizia devait passer le week-end suivant toute seule. Ses enfants étaient avec Laliberté et ma fille était chez sa mère. Elle m'a appelé et m'a proposé de venir souper. On a passé les jours suivants ensemble. Ça a été notre moment le plus mémorable. Nous sommes d'abord allés dans un restaurant de sushis luxueux dans le quartier du Plateau, à Montréal. Durant le repas, Rizia a reçu un appel de Laliberté. Il voulait qu'elle vienne chercher les enfants plus tôt que prévu le lendemain parce qu'il devait se rendre à Vegas pour affaires à bord de son jet privé. S'en est suivi une engueulade. Rizia a refusé : « Tes enfants devraient être plus importants que tes affaires. Je ne comprends pas comment tu peux te permettre de m'appeler lors de ma soirée de congé pour me demander une chose pareille. Désolée mais je suis occupée ». Rizia maîtrisait désormais parfaitement le français. Chaque fois que Laliberté appelait, ils parlaient en français, alors que la plupart des autres appels qu'elle recevait sur son cellulaire provenaient de personnes anglophones. Je ne pouvais pas m'empêcher d'écouter, d'autant que lorsque nous sortions ensemble, le téléphone de Rizia sonnait au moins une douzaine fois.

« Est-ce qu'il t'arrive d'éteindre ce truc-là de temps en temps ? » lui ai-je demandé. « Non, pas même quand je fais l'amour. On ne sait jamais qui peut bien essayer de m'appeler. J'aimerais bien pouvoir le fermer, mais avec trois enfants, je me dois d'être joignable à tout moment. »

Après les sushis, nous avons pris la direction d'un nouvel endroit « in » de Montréal, le Time Supper Club. Il y avait une longue file d'attente devant l'entrée. Lorsque nous sommes arrivés, tout le monde a reconnu Rizia et nous n'avons même pas eu à faire la queue. Une fois à l'intérieur, on rigolait, on buvait et on se comportait un peu comme des débiles dans la partie réservée aux VIP du club. On a dansé et on s'est frottés l'un à l'autre toute la soirée. Rizia se déhanchait à la perfection au rythme de la musique. L'endroit vibrait. Il y avait peu d'espace pour respirer. Cette nuit-là, Rizia m'a présenté à une amie qu'elle avait en commun avec Laliberté. Je l'ai laissée sur la piste et me suis assis aux côtés de cette femme. J'ai alors reçu un cours accéléré de ce qu'il s'était réellement passé entre Rizia et Guy.

La femme avait été une bonne amie du couple jusqu'à sa rupture. Elle m'a expliqué qu'elle avait décidé de prendre ses distances parce qu'elle n'en pouvait plus de passer tout son temps à écouter leurs histoires. « Le fait est qu'ils ont tous les deux de graves problèmes émotifs et qu'ils cherchent sans cesse à rendre l'autre malheureux. Ils se comportent comme s'ils avaient douze ans. Le plus triste là-dedans, c'est de voir à quel point leurs enfants souffrent. Ils font sans arrêt la navette entre Guy et Rizia sans que personne ne s'en préoccupe. Si ça continue, ils vont finir par être complètement déboussolés. Ils ont besoin d'un environnement stable mais Guy comme Rizia semblent bien plus intéressés à faire la fête qu'à assumer leur rôle de parents. Je ne dis pas que ce sont de mauvais parents, mais je suis certaine que ni l'un ni l'autre ne savait dans quoi il s'engageait en décidant de donner la vie. »

Je lui ai alors demandé directement quelle était la raison pour laquelle Rizia et Laliberté avaient eu trois enfants sans jamais se marier. Sa réponse a été surprenante : « Ils étaient censés se marier il y a deux ans, mais tout a été annulé parce qu'ils n'étaient pas capables de s'entendre sur l'endroit où ils allaient vivre. Rizia voulait retourner au Brésil et Guy voulait élever ses enfants à Montréal. Si Rizia avait accepté de rester ici, je suis à peu près certaine qu'ils se seraient mariés et qu'ils vivraient encore ensemble aujourd'hui. »

C'était la première fois que j'entendais parler de plans de mariage et j'étais impatient de demander confirmation à Rizia. Mais j'allais devoir attendre jusqu'au lendemain car elle était toujours sur la piste de danse, avalant vodkas sur vodkas.

L'amant de Rizia, Peter, arriva vers 1h du matin. Il était sympa et poli, mais n'avait rien d'exceptionnel. Il avait du style et il était particulièrement décontracté sur la piste, arborant un large sourire. Il a payé sa tournée. Nous étions maintenant huit autour de Rizia.

« Je ne pense pas qu'elle se rende compte de ce qu'elle fait, poursuivit son amie en regardant Rizia et Peter remuer leurs corps. Ils sont séparés depuis seulement quelques mois et elle a déjà eu de nombreuses aventures. Je me sens mal à l'aise par rapport à Peter. Comment pourrait-il rivaliser avec un homme comme Guy Laliberté ? Et ce sera le problème de tous ceux qui sortiront avec Rizia. Elle aime ce qui coûte extrêmement cher. Il faut avoir un coffre rempli d'argent à disposition pour subvenir à ses besoins. Parce qu'elle n'achète rien qui ne soit pas haut de gamme. »

Un ami de Peter Kastiel, présent au « Time » cette nuit-là, n'avait pas hésité à me donner son avis sur la question : « Je ne pense pas que Peter prenne cette relation au sérieux. Il aime simplement le fait de fréquenter l'ex de Guy Laliberté. Tu sais, Peter est un bon ami de Guy et je ne serais même pas étonné d'apprendre qu'ils en ont parlé ensemble. Je pense que cette relation ne durera que quelques mois tout au plus, avant que Peter ne la quitte. Peter n'a peut-être pas la fortune de Guy, mais il n'est pas à plaindre. C'est lui aussi un grand séducteur. Il se lasse vite et passe souvent d'une femme à l'autre. Rizia en est sûrement consciente. Elle cherche surtout à rendre Guy jaloux en sortant avec Peter. Ce qui ne se produira probablement pas. Je l'imagine plutôt tranquille chez lui avec quatre femmes pour s'occuper de lui comme il faut. Je doute franchement qu'il puisse s'ennuyer de Rizia. Je parierais même tout ce que j'ai là-dessus. »

Avant la fin de la soirée, j'avais été témoin d'assez de trucs pour réfléchir à deux fois avant de remettre les pieds dans ce club. Les clients semblaient tous complètement saouls ou camés. Mais tous coexistaient dans le respect, les drogués, les pédés, les motards et les snobinards. Rizia semblait se mélanger sans problème avec tout le monde. Elle m'a assuré qu'elle adorait cet endroit, aussi débauché soit-il, parce qu'il n'y avait pas de place pour les tabous. « Il n'y a aucune discrimination ici. Il n'y a pas une personne dans cette boite qui ne se sente pas à l'aise. Tout le monde vient ici pour passer un bon moment et tout le monde est traité de la même façon ». J'étais sceptique quant à l'égalité du service. C'était un peu facile à dire, surtout quand on a sa place dans le carré VIP séparé du reste du club par une corde.

De retour chez elle, nous avons repris des verres, rejoints par Peter et quelques autres de ses amis. Une heure plus tard, la fête était terminée. Tout le monde est parti, y compris Peter. Je me suis senti un peu mal à l'aise, me demandant comment il pouvait réagir à l'idée que je reste dormir tandis qu'il rentrait chez lui. « Il sera peut-être jaloux, m'a dit Rizia. Ça lui fera du bien. Je ne veux pas me jeter dans ses bras, ça gâcherait tout. C'est important qu'il s'inquiète un peu, qu'il n'ait pas l'impression que ce soit trop facile. Peter est un bon gars mais il est un peu paumé. Je doute que ce soit quelqu'un qui me convienne vraiment parce que j'ai besoin de quelqu'un de fort, bien dans sa tête. Je pense qu'il a des choses à régler avec lui-même d'abord. Et puis c'est une bonne chose qu'il soit rentré dormir chez lui, je ne veux pas qu'il soit trop sûr de lui. Quand les hommes deviennent trop confiants, c'est mauvais. C'est à ce moment qu'ils commencent à tirer profit de la situation. »

Je me suis alors rendu compte que Rizia savait parfaitement manipuler les gens. Qu'elle s'en soit vantée m'a rendu un peu méfiant. Je me suis demandé ce qu'elle pouvait bien raconter dans mon dos. J'étais davantage sur mes gardes. Cette femme était capable de tailler en pièces n'importe qui et je comprenais un peu pourquoi Laliberté ne voulait plus entendre parler d'elle. Il en avait probablement plus qu'assez de son petit jeu.

« Rizia agissait comme une enfant avec Guy, c'est pour ça que ça n'a pas duré, m'a confié l'une de ses proches amies. Mais à quoi pouvait-on s'attendre d'autre ? Ils ont quinze ans d'écart ! Rizia n'était qu'une gamine lorsqu'elle a rencontré Guy, elle n'avait encore rien vécu. Il aurait dû y réfléchir avant. C'est quelqu'un de dur, mais il a des faiblesses comme tout le monde, surtout quand il s'agit des femmes. »

Pour conclure ce divertissant week-end, nous sommes sortis le lundi soir suivant dans une discothèque populaire de la rue de St Laurent, le Upper Club, qui appartenait à Guy et à son frère Jean. Le lundi était la soirée la plus prisée, celle qui attirait le plus de jeunes cadres branchés, des artistes et des gens du milieu de la mode montréalais. À l'intérieur, le club vibrait au son de la musique. Laliberté avait investi dans plusieurs entreprises gérées par des membres de sa famille ou de proches amis. Et l'année suivante, il allait rénover le vieux club 1234, sur la rue de la Montagne, là encore avec son frère Jean.

À peine avons nous mis les pieds dans l'Upper Club que tous les regards se sont portés sur Rizia. Jean l'a saluée en lui faisant deux bises. Plusieurs autres de ses connaissances se sont approchées pour lui parler. Ça a été pour moi l'occasion d'apprendre une information qui se révèlerait cruciale par la suite. Ce soir-là, elle a critiqué Laliberté à chaque fois qu'elle en a eu l'occasion. Sachant que toutes les personnes à qui elle parlait étaient des amis qu'elle avait en commun avec Guy, je ne trouvais pas son attitude très loyale. Elle se montrait capable de poignarder les gens lorsqu'ils avaient le dos tourné. J'ai par exemple pu capter une conversation qu'elle avait avec un ancien collaborateur de Laliberté au Cirque. Elle lui expliquait que Guy la laissait complètement tomber et qu'il l'avait trompée à maintes reprises. Elle est même allée jusqu'à souhaiter qu'il lui arrive du mal pour tout ce qu'il lui avait fait subir.

« Rizia apparaît comme une fille douce et innocente, m'a dit une autre de ses amies, mais elle est tout le contraire. C'est le genre de personne qui ferait n'importe quoi et qui utiliserait n'importe qui pour obtenir ce qu'elle veut. Aussi gentille qu'elle puisse paraître, je connais pas mal de personnes qui n'en pouvaient plus de ses jeux malhonnêtes et qui ont coupé les ponts. Elle est persuadée qu'ils l'ont tous abandonnée à cause de sa rupture avec Guy, mais c'est complètement faux. »

L'une des choses que Rizia m'a appris, c'est qu'il est important de rêver lorsque la réalité de la vie est trop dure. Elle affirmait que si elle devenait riche un jour, elle ferait profiter les autres de sa richesse. « J'aime partager. Je pense que je mérite d'être riche. Je ne serais pas comme d'autres, moi, je donnerais de l'argent pour de bonnes causes. Je veux aider les gens. »

En dépit de ses belles paroles, je n'étais pas convaincu. Chaque fois que nous sortions ensemble, Rizia s'attendait toujours à être invitée. Je trouvais ça un peu égoïste, compte-tenu de tout l'argent qu'elle recevait tous les mois de la part de Laliberté en guise de pension alimentaire pour ses enfants. « Je peux vous garantir qu'une bonne partie des onze mille dollars que Guy lui versait tous les mois à cette époque n'allait pas aux enfants, confie une connaissance de Rizia. Dès que c'était au tour de Guy de s'occuper d'eux, elle s'envolait pour des destinations exotiques, au Brésil ou à Ibiza. Elle ne travaillait pas. Je pense d'ailleurs qu'elle n'a jamais travaillé de sa vie. Alors d'où venait cet argent sinon du compte bancaire de Guy ? »

Plus j'observais Rizia, plus je me rendais compte que ce n'était pas la vie jet-set qu'elle recherchait mais plutôt des amis. Des amis avec qui elle pourrait tisser des liens de confiance. Mais ce qu'elle aimait par-dessus tout, c'était de voyager. Elle disait que ça compensait son manque affectif. « Je suis incapable de rester en place. C'est la même chose pour Guy. Nous aimons le mouvement. Nous aimons faire des choses à la volée. Rester toujours au même endroit m'ennuie. Je me sens privilégiée de pouvoir autant voyager. »

Même si elle passait fréquemment de longues périodes loin de ses enfants, Rizia était réellement une maman affectueuse. Lorsque je la voyais à leurs côtés, elle débordait d'attention et d'amour. Et c'était sincèrement réciproque. Ils étaient collés à leur mère comme de la glue. Ce qui m'avait le plus impressionné à propos des enfants, c'est qu'ils vivaient normalement, comme n'importe quel bambin, malgré l'immense fortune de leur père. Hormis le fait que Laliberté aurait voulu équiper ses enfants d'une puce électronique pour les pister au cas où ils seraient enlevés, tout le reste paraissait normal. Ils jouaient beaucoup avec les autres gamins et respectaient le fait qu'ils ne pouvaient pas avoir tout ce qu'ils voulaient. Ils avaient des jouets dans leur chambre, bien sûr, mais pas en quantité industrielle. Partant du principe que leur père était milliardaire, on ne pouvait pas les considérer comme des enfants gâtés.

Il y a un autre trait de sa personnalité que j'ai pu observer au cours de notre relation amicale, notamment lors de la retraite de yoga que j'avais organisée cet été là. Il pleuvait beaucoup le premier soir et Rizia trouvait que le temps était trop mauvais pour rejoindre à pied sa tente dans les bois. Elle a ignoré mon conseil de ne pas utiliser sa voiture pendant la forte pluie. Nous avons donc roulé dans un marais plein de boue et, à moins de vingt mètres d'où elle était supposée établir son campement, la Mercedes s'est embourbée. Il y avait de la boue partout. La plupart des gens se seraient énervés de frustration, mais pas Rizia. Elle trouvait la situation comique et elle est partie dans un fou rire incontrôlable. Nous avons fini par nous installer pour la nuit dans la voiture et nous l'avons sortie de la boue avec l'aide d'hommes robustes le lendemain matin.

Sa réaction ne m'avait pas étonné. Elle a beaucoup de défauts mais c'est quelqu'un qui adore blaguer et rire de bon cœur. C'est vraiment l'une des choses que je retiendrai d'elle. Le temps passé en sa compagnie compte parmi les instants les plus plaisants de ma vie. On a vraiment vécu des moments de bonheur, avec photos à l'appui, tout particulièrement lors de nos petites excursions à la campagne.

De retour à Montréal, notre amitié s'est un peu détériorée. Lorsque Rizia a réalisé que je n'allais définitivement pas appeler mon oncle, juge de la Cour suprême, pour lui demander la faveur qu'elle désirait, elle a pris ses distances.

Elle a également découvert que j'avais accepté quatre cents dollars de la part de son avocat pour l'avoir recommandé et elle a sauté au plafond. Elle pensait que j'avais empoché bien plus et m'a soupçonné d'être payé par Guy pour l'espionner. Je lui ai assuré que l'avocat m'avait versé une somme dérisoire mais elle ne m'a pas cru et elle a commencé à parler dans mon dos dans tout Montréal. Je l'ai alors avertie que si elle continuait à médire sur moi, je n'aurais d'autre choix que de la poursuivre en diffamation. Ses accusations étaient totalement fausses. Ce n'était d'ailleurs pas la première fois qu'elle accusait quelqu'un d'être à la solde de son ancien conjoint. Un jour, elle m'avait confié qu'elle pensait que Guy avait arrosé ses anciens avocats et qu'elle craignait qu'il ne fasse de même avec son nouvel avocat. Je lui avais rétorqué qu'elle était paranoïaque parce qu'il était illégal de soudoyer les magistrats au Québec. Elle m'avait raconté que dans son Brésil natal, de telles pratiques étaient courantes et qu'elle supposait que la même chose avait cours au Canada. Je lui avais certifié que ce n'était pas le cas mais elle avait refusé de le croire. D'après elle, Guy avait assez de pouvoir et assez d'argent pour influencer n'importe qui, que ce soit les avocats, les greffiers ou les juges.

Concernant la commission de quatre cents dollars, j'ai affirmé à Rizia que c'était une affaire entre l'avocat et moi. J'avais passé des heures entières à la conseiller et à l'écouter s'épancher sur son affaire. En temps normal, je facture mes consultations à soixante-quinze dollars de l'heure minimum. J'étais tout de même en droit de recevoir quelque chose pour tous les conseils que je lui avais prodigués et tout le temps que je lui avais consacré. Or, elle ne m'avait jamais offert un seul dollar pour les services que je lui avais rendus. C'était une insulte pour toutes les années que j'avais passées en tant consultant professionnel. Je lui ai expliqué que, par le passé, j'avais travaillé comme consultant pour l'Université Yale, pour l'avocat américain David Boies, ou encore pour la « E Channel », et ce moyennant une excellente rémunération. Elle m'a répondu qu'elle concevait les choses différemment, se servant du prétexte que nous étions amis pour justifier qu'elle n'avait pas estimé nécessaire de me payer.

Comme nous n'étions pas d'accord, nous n'en avons jamais reparlé. Nous sommes restés amis mais, pour moi, quelque chose dans notre relation avait été brisé. Il m'apparaissait dorénavant évident qu'elle voulait m'utiliser et se servir de mes relations sans avoir à débourser un sou. Or, j'avais une fille en bas âge à charge et personne ne me versait des milliers de dollars par mois de pension alimentaire. Je ne m'attendais pas à grand-chose de la part de Rizia, mais le fait qu'il ne lui soit jamais venu à l'esprit de me proposer un seul centime pour tout ce que j'avais fait pour elle me consternait. Elle avait perdu mon estime.

Peu de temps après avoir pris l'affaire en main, son avocat m'a mis au parfum : « Elle exagère tout à son avantage, elle est toujours en retard et la seule chose qu'elle veut, c'est que Guy lui verse le plus d'argent possible. Peu importe ce que je propose, ça ne lui convient jamais. Peu importe ce que Guy offre, ce n'est jamais suffisant. Nous faisons face à un problème majeur. Je pense qu'elle est plus intéressée par l'idée de rendre la vie difficile à son ex que de tourner définitivement la page. »

Inutile de dire que sa relation avec son avocat actuel était sur le point de se terminer exactement de la même manière qu'avec son précédent avocat. Il était furieux de constater que Rizia l'avait dupé. Il affirmait qu'elle était peu coopérative et que son histoire variait presque tous les jours. Elle lui devait également beaucoup d'argent, qu'il affirme n'avoir toujours pas reçu. Mais les choses se sont réellement envenimées lorsqu'elle l'a dénoncé au Barreau du Québec, l'accusant de miner sa cause et de la harceler sexuellement. « Elle est folle, complètement cinglée !! s'est-il exclamé. Après tout ce que j'ai fait pour elle, elle ose inventer des histoires pour ruiner ma carrière. C'est un cauchemar cette cliente, la pire de toute ma vie. Je ne veux plus jamais lui adresser la parole. En plus, je me sens mal pour Guy. Je l'ai rencontré à plusieurs reprises durant la procédure et il m'a vraiment semblé sincère. Elle doit lui avoir fait subir des choses semblables à celles qu'elle me fait endurer pour l'enrager à ce point. En fin de compte, je crois au karma et je crois que chacun à ce qu'il mérite. »

Rizia faisait fréquemment irruption chez Laliberté, en dépit des avertissements répétés de ses avocats qui lui conseillaient de rester loin de sa résidence. Elle se pointait souvent sans prévenir pour l'interroger sur leurs enfants et sur leur séparation acrimonieuse. Un soir, alors que les trois petits étaient avec leur père, Rizia et moi soupions dans la nouvelle maison qu'il venait de lui acheter sur l'avenue Olivier, à Westmount. À l'heure du dessert, Rizia s'est levée, a pris son caméscope *Handicam* de chez Sony et m'a indiqué qu'elle s'en allait chez Guy. J'ai tenté de la dissuader d'aller l'espionner mais elle était convaincue qu'il organisait une fête alors que ses enfants dormaient à côté. « Je suis sûre qu'il y a plein de drogues, de l'alcool et des femmes là-bas. Je dois y aller et filmer ce qui se passe... »

Elle a fini par renoncer à sa mission et nous sommes retournés danser dans son lieu de prédilection, le Time Supper Club. Nous y avons rencontré son vieil ami David, le père célibataire qui affirmait être un ancien membre du Mossad israélien. Ils ont discuté tous les deux dans un coin pendant plus d'une heure. Je suspectais quelque chose. L'après-midi suivant, j'ai reçu un appel de Rizia pour que je la rejoigne chez elle. Elle m'a assuré qu'elle avait un truc incroyable à me montrer. Quand je suis arrivé, elle a sorti sa mini caméra DV et m'a montré une vidéo qu'elle avait enregistrée quelques heures plus tôt. C'était tout à fait stupéfiant. Elle se mettait en scène pour que l'on voie bien qu'elle entrait dans la résidence de Laliberté, en filmant la maison en entier. Il y avait des bouteilles d'alcool qui jonchaient le sol. Les trois enfants dormaient dans leur chambre, sans se rendre compte qu'il y avait eu une fête à la maison. Lorsque Rizia a atteint la chambre à coucher principale, elle a ouvert la porte et a filmé à l'intérieur. Même le plus dément des scénaristes d'Hollywood aurait voulu concevoir cette scène. Laliberté était allongé dans le lit, des bouteilles de whisky et de vodka partout par terre. Aussitôt, deux têtes sont sorties de sous les couvertures, deux femmes que Rizia avait déjà vues en sa compagnie auparavant. L'une des deux était une strip-teaseuse dont la sœur était un mannequin connu à Montréal. Aussi bizarre que cela puisse paraître, Laliberté a gardé son calme. « Bonjour Rizia, comment vas-tu ? »

Après avoir vu cette vidéo, j'étais convaincu que Guy n'était pas le monstre violent et colérique qu'elle m'avait décrit. C'était un fêtard, ça oui ! Ce qui avait ruiné leur couple, répétait-elle. Rizia l'a prévenu qu'elle comptait utiliser la vidéo pour le discréditer. Mais la cour de justice, après l'avoir visionnée, a refusé d'en faire une pièce à conviction de par son illégalité. Laliberté, en revanche, aurait pu poursuivre Rizia pour être entrée dans sa maison sans en avoir le droit, mais il ne l'a pas fait. « Je ne pense pas qu'il ait envie de voir la mère de ses enfants en prison, dit José. Aussi mauvaise soit leur relation, il s'est abstenu de faire quoi que ce soit à Rizia qui puisse nuire à son image. Il a conscience qu'il est important de la traiter avec respect. Mais ce n'est pas réciproque. Rizia s'est donné comme objectif de détruire la vie de son ex autant que possible. C'est la seule chose qui lui donne satisfaction. »

Rizia et moi sommes restés des amis occasionnels au cours des années qui ont suivi. Nous avons perdu le contact lorsque j'ai déménagé à New York, fin 2005. Trois ans plus tard, durant une visite à Montréal, nos chemins se sont de nouveau croisés. Je l'ai rencontrée au Westmount Square, sortant d'une clinique où je suivais un traitement thérapeutique pour une blessure au dos. Rizia m'a reconnu et s'est approchée. Nous avons parlé pendant près d'une heure, le temps de nous raconter nos vies. Elle n'arrêtait pas de parler de ses différends. Elle m'a confié que Laliberté avait rejoué le même scénario à sa dernière petite amie. « ...J'ai passé dix ans de ma vie à ses côtés et je me retrouve sans rien. Ce n'est pas juste... »

Après tout ce temps, elle était toujours pleine de haine. Elle avait alors 34 ans. Je me suis demandé quand est-ce qu'elle aurait enfin une vie, quand est-ce qu'elle allait cesser d'être rivée sur Laliberté. Elle n'a jamais travaillé, elle a toujours eu des femmes de ménage et des cuisiniers, ainsi qu'une belle maison. Mais elle était toujours malheureuse.

14

Au cours des dix années qu'ils avaient passées ensemble, Rizia avait été la maîtresse de Laliberté, mais aussi sa compagne de fête, sa confidente et la mère de ses enfants.

« C'est une manipulatrice hors pair et très rusée, dit une amie de Rizia. [...] Elle était déterminée à lui soutirer tout ce qu'elle pouvait. Elle commençait à le rendre complètement fou... »

Après sa rupture avec l'avocat Peter Kastiel, elle fréquenta plusieurs hommes avant de s'engager dans une relation plus sérieuse avec un riche homme d'affaires de Montréal. Lorsqu'il rencontra Rizia, en 2004, Herbert Black était un jeune soixantenaire. Il avait longtemps été l'un des célibataires les plus séduisants et les plus en vue de Montréal, après avoir entretenu des relations avec plusieurs des femmes les plus ravissantes de la ville. Avant Rizia, il avait notamment été en couple avec la mondaine et renversante Larissa Abrahamian, qui était alors âgée de 29 ans. Black avait clairement un penchant pour les très jeunes femmes. Certaines de ses compagnes auraient pu être sa fille ou même sa petite-fille.

Herbert Black, qui avait fait fortune dans le recyclage du métal, sortit avec Rizia pendant deux ans. En 2006, alors qu'ils venaient de se séparer, il décida de payer les frais judiciaires de la jeune femme. Son implication dans cette affaire prêtait à confusion car Black avait été un ami proche de Laliberté. Les deux hommes avaient souvent été vus ensemble dans des restaurants branchés de Montréal et avaient l'habitude de faire des virées dans l'hélicoptère dernier cri du riche industriel. Il tournait désormais le dos à son vieil ami, se montrant apparemment concerné par le point de vue de Rizia.

Reconnu pour être un as de la communication, Black manifesta aux médias à quel point il était outré par les lois régissant le mariage au Québec. Quand un journaliste lui demanda son opinion sur Laliberté, il ne put dissimuler sa gêne. Au fil des ans, Black s'était taillé une réputation de défenseur de ce qu'il considérait être de justes causes. Il n'était étranger à aucune affaire juridique importante. En 2000, il avait servi de catalyseur dans l'un des procès antitrust les plus célèbres de l'histoire des États-Unis. Il avait gagné cent cinquante-deux millions de dollars américains dans le cadre d'un recours collectif contre les maisons de ventes aux enchères Sotheby's et Christie's.

« Rizia est probablement l'une des seules femmes de la planète qui ait réussi à convaincre son ex de continuer à payer ses factures, ironise José. Sa relation avec Black a été l'une des plus étranges qu'elle ait vécues jusqu'à présent. Il avait presque le double de son âge. Je soupçonne qu'elle soit devenue obsédée par tout homme valant au moins quelques centaines de millions de dollars. La vérité, c'est qu'aussi importante qu'ait été la fortune de Black, elle ne pouvait pas rivaliser avec celle de Laliberté, environ quatre fois supérieure. »

Dans le même esprit, José affirme : « La plupart des histoires de Rizia au sujet de Guy n'ont pas été prises au sérieux parce qu'elle a démontré qu'elle était complètement obsédée par lui. Guy, de son côté, a fait preuve de beaucoup de classe... Je n'apprécie pas vraiment la façon dont elle s'y est prise. »

Plusieurs autres connaissances affirment être consternées par l'attitude de Rizia et Guy « ...Il y a des gens qui meurent de faim en ces temps de récession et cette femme a le culot de se plaindre parce qu'un demi-million de dollars ne serait pas suffisant pour retaper sa nouvelle maison. Sa cupidité devenait de plus en plus évidente. Tout ce qu'elle tentait de faire, c'était d'arracher le maximum d'argent possible à Guy. Cette femme n'a jamais travaillé de sa vie. C'est une insulte aux gens qui doivent travailler dur pour obtenir ce qu'ils veulent. »

Un ami explique même ne plus vouloir avoir affaire à Laliberté et Moreira. « Ils se sont comportés comme deux enfants gâtés. Ils n'ont fait preuve d'aucune élégance... Je n'ai de compassion ni pour l'un, ni pour l'autre, et je garderai dorénavant mes distances. Ils ont tous les deux agi de façon inconvenante. »

Plusieurs des amis de l'ancien couple se disent préoccupés par la façon dont les différends de Rizia et Guy risquent d'affecter les trois enfants. « Je pense qu'il y a énormément de ressentiment entre les deux. Peu importe ce qui se produira, [...], les choses ne seront plus jamais comme avant. Ils continueront probablement à se quereller, jusqu'au jour où l'un des deux mourra. Je n'ai jamais vu deux personnes se bagarrer autant que ces deux là, surtout tant d'années après s'être séparés. Ce n'est pas normal. » déclare José.

Guy avait une nouvelle femme dans sa vie, Claudia Barilla, mannequin montréalais avec qui il avait eu deux enfants. Ils vivaient ensemble dans une grande demeure à Outremont. En 2007, ils avaient également fait construire la maison de leurs rêves à Hawaï, un domaine de dix pièces d'une valeur de vingt-neuf millions de dollars situé à Mauna Kea. C'était la maison la plus chère à Hawaï, le record précédent ayant été détenu par à une riche famille d'Europe qui avait acheté une résidence pour la modique somme de vingt-quatre millions de dollars en 2006. Rizia essaya de décrédibiliser encore un peu plus Guy, racontant à des amis qu'il faisait subir à sa nouvelle compagne le même sort qu'il lui avait réservé par le passé. Laliberté ne chercha pas à nier ces allégations. Il n'avait pas l'intention d'épouser Claudia et ne s'en cachait pas. Le mariage, ce n'est pas pour lui et il n'y croit pas.

15

En tant que propriétaire de l'un des sites Web les plus populaires sur la vie des célébrités, j'ai partagé avec le public ce que je savais des histoires de Rizia et Guy dans lesquelles j'avais baigné pendant tant d'années. Je ne me sentais pas redevable de quoi que ce soit envers Rizia, surtout après avoir découvert comme elle m'avait utilisé pour se rapprocher de mon oncle. Je ne cherchais absolument pas à me venger mais je n'allais pas non plus essayer de la défendre à tout prix. D'autant que les rares fois où j'avais croisé Laliberté, il m'avait semblé être l'une des personnes les plus humbles, les plus charmantes et les moins arrogantes qui soit.

Un soir, je l'avais rencontré dans l'un de ses endroits favoris, Le Cafétéria, sur le très branché boulevard St-Laurent. Il était accompagné d'une dizaine d'amis. J'étais assis à la table à côté de la sienne, et au cours de la soirée nous avions eu une longue conversation. Je lui avais dit que j'avais été un musicien de rue par le passé. De son côté, il m'avait fait partager, histoires après histoires, le plaisir qu'il avait éprouvé à jouer pour les passants à ses tout débuts.

« C'était une expérience si simple, si pure et tellement amusante, m'avait-il confié. J'ai probablement passé quelques-uns des meilleurs moments de ma vie à jouer de la musique dans les rues. J'avais déjà occupé un travail régulier mais après trois jours, j'en avais eu assez. Depuis, j'ai toujours travaillé à mon compte. Je n'ai jamais été le genre de gars capable de s'adapter à un environnement de travail fixe. »

J'avais demandé à la serveuse qui avait l'habitude de s'occuper de Laliberté et de son entourage ce que ça lui faisait de servir un des six milliardaires du Québec. « Guy est l'un des nôtres, m'avait-elle répondu. Peu importe l'argent qu'il gagne, c'est l'une des personnes les plus gentilles au monde. Il a un cœur en or. À chaque fois qu'il vient ici, il paye l'addition pour tous ses amis, offre des verres au personnel, et laisse un pourboire presque aussi élevé que la note. Un bon nombre de riches qui se présentent ici ont un ego démesuré. Pas Guy. Il n'a jamais laissé le succès lui monter à la tête. Il est toujours resté le Guy simple que j'ai rencontré il y a plusieurs années, alors qu'il avait à peine deux sous en poche. »

J'avais ensuite interrogé la serveuse au sujet de Rizia. Elle m'avait dit qu'elle l'avait rencontrée à plusieurs reprises. « Chaque fois qu'elle vient ici, elle entre comme si elle était la propriétaire. Elle veut bénéficier d'un traitement spécial et que tout le monde s'occupe d'elle, comme si c'était une princesse. Elle aime l'argent et semble n'avoir du temps que pour les riches ou ceux qu'elle peut utiliser à ses fins. Elle est tout l'opposé de Guy qui, malgré tout son argent, est resté le même. Rizia est uniquement intéressée par sa fortune. Elle devrait réfléchir à deux fois avant d'agir, parce qu'on peut facilement lire en elle. Je ne sais même pas comment elle fait pour se supporter. »

Après avoir écouté la serveuse s'étaler sur le cas de l'ex-couple, tout m'était alors apparu très clair. Rizia était bien plus intéressée par sa propre sécurité que par celle de ses enfants. Elle semblait les utiliser comme prétexte pour revendiquer une partie de la richesse de Guy.

Laliberté, pour sa part, n'avait jamais coupé les liens avec les gens ordinaires, des gens comme ceux qu'il avait amusés dans les rues à ses débuts. Il n'avait jamais regardé de haut qui que ce soit, et encore moins les personnes pauvres. Il avait toujours considéré sa bonne étoile comme un cadeau. Il était conscient que le rêve était primordial dans la vie des personnes qui ont un quotidien difficile.

« Guy n'a jamais laissé le succès lui monter à la tête, confirme José. Il n'a jamais oublié d'où il vient et a toujours essayé d'employer sa bonne fortune pour rendre la vie des autres meilleure. C'est tout bonnement incroyable ! Il a créé des milliers d'emplois au fil des années avec le Cirque du Soleil. Il a aidé tellement de personnes à réaliser leurs rêves et à mener une vie plus prospère. Mais Rizia, pour sa part, ne pense qu'à elle... »

Par le passé, j'avais eu des démêlés avec des poissons beaucoup plus gros et puissants que Rizia et Laliberté, tels que Michael Jackson, Britney Spears, l'Église de Scientologie, et même le milieu de la mode au complet lorsque je m'étais fait passer pour un modèle masculin afin de dénoncer les injustices de cet univers impitoyable. Dans mes articles, j'expliquais clairement que rien ne m'avait arrêté par le passé et qu'il en serait de même dans le cadre de cette affaire. J'étais disposé à faire face à toutes les conséquences, quitte à y laisser jusqu'à mon dernier sou.

Dans mes billets, je faisais référence à Rizia comme étant la version québécoise de Heather Mills, l'ex-épouse de Paul McCartney qui avait essayé de lui soutirer presque tout ce qu'il possédait après leur brusque séparation en mai 2006. En fait, les similitudes entre Mills et Moreira étaient frappantes. Toutes deux étaient d'anciens mannequins, toutes deux s'intéressaient à la médecine naturelle et aux remèdes alternatifs, et toutes deux avaient fréquenté certains des jet-setters les plus riches du monde. La différence majeure entre ces deux mangeuses d'hommes fortunés était que Mills avait réussi à convaincre McCartney de lui passer la bague au doigt.

« Heather Mills et Rizia Moreira sont pareilles, assure le journaliste Esmond Choueke. Elles cherchaient toutes les deux la même chose : se marier à un homme fortuné et ensuite passer à la caisse. Après avoir rompu avec leur riche partenaire, les deux femmes ont essayé d'attirer la sympathie du public, mais elles ont échoué. Les gens ont très bien lu dans leur jeu et leurs plans se sont complètement retournés contre elles. Elles étaient perçues comme d'implacables croqueuses de diamants. »

Avant de publier mes premiers textes sur le sujet, j'avais consulté une des amies les plus proches de Laliberté, Juliette Powell, ancienne animatrice à MusiquePlus avec qui j'avais sympathisé à New York. Powell m'avait supplié de ne rien écrire au sujet du procès parce qu'il y avait des enfants en jeu. Je lui avais promis de ne mentionner le nom des enfants dans aucun de mes écrits. À ce moment-là, je ne savais pas encore que j'allais écrire un livre sur Laliberté. Pour rester fidèle à ma promesse, je me suis abstenu de parler des enfants dans ce livre. Mais même sans les conseils de Juliette, je n'aurais jamais divulgué leur nom. Je suis moi-même père de famille et je ne voudrais pas que le nom de ma fille soit révélé publiquement avant qu'elle n'ait atteint la majorité.

Le billet le plus controversé de la longue série que j'ai publiée est probablement celui dans lequel je raconte que Rizia avait envisagé de se débarrasser de Guy après avoir découvert qu'il voyait le mannequin Naomi Campbell. Un vieil ami m'avait averti que Rizia avait perdu la tête après qu'une connaissance lui ait dit que Laliberté avait l'intention de demander Campbell en mariage. Rizia aurait alors voulu le tuer. Mais aussi loin qu'elle puisse parfois aller, je n'ai jamais cru qu'elle pourrait réellement tenter de l'assassiner. Je ne pense pas qu'il soit dans sa nature de perpétrer un acte aussi horrible. Elle avait probablement dit cela dans le feu de l'action. Si j'avais pensé un seul instant qu'elle voulait sérieusement attenter à la vie de Laliberté, je me serais directement rendu à la police.

Comme sur le site de Hilton, les commentaires à mes billets se sont majoritairement révélés être en faveur de Laliberté. Personne ne paraissait s'apitoyer sur le sort d'une femme qui voulait apparemment devenir extrêmement riche sans avoir à travailler un seul jour de sa vie. La plupart des lecteurs considéraient que Rizia savait dans quoi elle s'était embarquée quand elle avait rencontré Laliberté et qu'il ne lui avait certainement pas mis un pistolet sur la tempe pour avoir des enfants. « Il semble qu'elle ait tout essayé pour mettre Guy au tapis, notait "Angela". « Go Guy Go ! Ne laisse pas cette chienne te ruiner ! »

À l'époque où je rédigeais ces articles au sujet de Moreira et de Laliberté, plusieurs de leurs amis m'ont contacté. « Rizia panique à propos de ce que tu écris, m'a confié Tony. Elle se sent trahie... ». J'ai alors demandé à Tony d'expliquer à Rizia que je ne faisais que raconter la stricte vérité et que je n'avais aucune rancœur envers elle. En fait, je m'étais même efforcé de la décrire comme une excellente mère, en dépit des fréquents voyages qui la tenaient souvent éloignée de ses enfants. J'avais rapproché son cas de celui de beaucoup d'autres femmes, comme Madonna et Angelina Jolie qui, même en étant souvent absentes de leur foyer, n'étaient pas pour autant de mauvaises mères. Parallèlement, j'avais mentionné à quel point je trouvais que Guy était un homme courageux, rappelant qu'il avait toujours veillé à ce que l'on prenne bien soin de ses enfants.

Durant cette même période, une amie de Laliberté m'a contacté pour me dire que Guy appréciait mes opinions équilibrées. « Il a consulté ton site tous les jours et est heureux que quelqu'un ait enfin eu les couilles d'affronter Rizia et de montrer qui elle est vraiment, m'a rapporté "Alice". Guy ne veut rien d'autre que la vérité et ce que tu as dit au sujet de cette affaire est incontestablement ce qui se rapproche le plus de la réalité. »

Le lendemain, lorsque j'ai reçu le rapport quotidien de Google Analytics concernant les statistiques de mon blogue, j'ai découvert que je venais de réaliser une première : mes billets avaient été lus par plus de Canadiens que d'Américains. Le nombre de clics effectués au Canada était même quatre fois supérieur à celui des États-Unis. Mon site était brusquement devenu l'un des plus populaires dans le tout le pays. Mon associé à New York a alors été obligé d'élargir la bande passante pour faire face à l'afflux de visiteurs.

J'ai ensuite accordé une interview de quarante-cinq minutes en français à la radio CHEQ-FM localisée à Québec. Ça a été l'un des plus grands défis de ma carrière. Par le passé, j'avais déjà réalisé plusieurs entrevues en français, mais jamais d'une telle durée. L'interview s'est très bien passée. Deux minutes après qu'elle ait été terminée, j'ai reçu un courriel du producteur de l'émission, Olivier Rebelle, me proposant de devenir un intervenant régulier. C'était une offre très flatteuse. J'ai accepté sans hésitation. Je savais que c'était une première à Québec.

Je pense être l'un des rares anglophones à avoir obtenu ma propre chronique dans l'une des stations francophones de la province. Cela m'a fait penser à Laliberté, qui semblait toujours défier l'impossible. Peut-être que le fait de couvrir sa vie commençait à déteindre positivement sur moi !

« Généralement, Guy porte chance à tous ceux qui l'approchent de près ou de loin, déclare Denis. Il est unique. Il ne tente pas de garder son succès pour lui tout seul. Il aime le partager. Ce n'est vraiment pas quelqu'un d'égoïste. »

16

Depuis le jour de leur séparation, Rizia essayait de se discipliner pour canaliser ses mauvaises pensées et gérer son ressentiment envers Guy. Mais elle n'y était jamais vraiment parvenue, demeurant profondément perturbée. Cette rupture l'avait blessée et elle n'arrivait pas à chasser Laliberté de sa tête. Elle consultait des psychologues mais quoi qu'elle fasse, ça ne marchait jamais.

Le plus difficile pour Rizia, depuis qu'elle avait quitté le domicile de Guy, était de ne pas pouvoir assister à la traditionnelle fête qu'il organisait au mois juin, lors du Grand Prix du Canada, et qui attirait des stars du monde entier. Le dimanche soir, juste après la course de formule 1, Laliberté recevait la jet-set dans les jardins de sa vaste demeure à St-Bruno. Les festivités pouvaient durer plusieurs jours d'affilée. Tout le monde était impressionné. C'était devenu un événement incontournable pour les habitués de ce genre de réceptions. Des années plus tard, Laliberté serait contraint de délocaliser sa fête dans les hangars de l'aéroport de St-Hubert à cause des plaintes récurrentes du voisinage qui ne supportait plus l'incroyable vacarme.

« J'ai assisté aux meilleurs fêtes à travers le monde mais je n'ai jamais rien vu de comparable », assure Myra Jones, un mannequin basé à Milan qui a pu assister à plusieurs fêtes de Laliberté. « Tout ce que vous rêviez, vous l'aviez chez Guy, que ce soit de la drogue, du sexe ou bien sûr la meilleure musique jouée par des DJ célèbres venus spécialement d'Europe ou des États-Unis. »

Laliberté employait du personnel pendant des mois pour préparer ce grand rendez-vous des célébrités. Un de ses amis, "Jake", se souvient de la présence de

Robert De Niro en 2001. L'acteur américain était de passage à Montréal pour tourner *The Score*, qui s'avéra être par la suite le dernier film du légendaire Marlon Brando, décédé trois ans plus tard d'une fibrose pulmonaire. De Niro, qui avait la réputation d'aimer les belles femmes noires, vécu probablement l'un des meilleurs moments de sa vie ce soir-là. « Guy avait invité de sulfureuses créatures noires pour répondre aux critères de la star, des strip-teaseuses, des prostituées et des top models, explique Jake. Il aime faire tout et n'importe quoi pour satisfaire ses convives. Il veut être certain qu'ils passeront un moment inoubliable en venant chez lui. S'il sait que l'un de ses invités de marque apprécie le vin italien, par exemple, il s'arrangera pour faire livrer les bouteilles les plus chères, que vous ne trouverez bien évidemment jamais en magasin à Montréal. Il prête attention aux moindres détails dans tout ce qu'il fait, pour ses fêtes comme pour son Cirque, sans jamais faire de compromis et sans jamais se préoccuper de ce que ça lui coûte. »

Rizia éprouvait de plus en plus de mal à s'introduire dans les fêtes organisées par son ex. Laliberté lui avait demandé de garder ses distances mais elle n'acceptait pas son interdiction. « Ce n'est pas grave, je me faufilerai. De toute façon, je dois y aller, c'est le plus gros événement de l'année, m'avait-elle dit un peu plus tôt. Si je me pointe, je ne pense pas que Guy me jettera dehors. Ça lui donnerait une mauvaise image aux yeux de ses invités. J'irai tard dans la nuit, ça me donnera de meilleures chances d'entrer. »

Mais Rizia se trompait. Alors qu'elle était en chemin, elle reçut un appel de Laliberté sur son téléphone cellulaire. Il avait appris qu'elle était sur la route et avait préféré l'avertir que si elle mettait un pied sur sa propriété, il ferait intervenir la sécurité. Rizia l'avait trouvé sans scrupule. « En réalité, il offrait une gigantesque orgie et ne voulait pas me laisser entrer simplement par crainte de ce que j'aurais pu y voir. Je l'ai utilisé contre lui en justice, m'a confié Rizia. Je ne suis pas mécontente de ne pas y être allée finalement parce que je ne me serais pas sentie à l'aise. Après tout, je n'ai pas besoin d'aller à ses fêtes, je vais partir à Ibiza et ce sera bien mieux là-bas ». Comme par hasard, Laliberté avait lui-même prévu de louer une maison sur l'île espagnole pour le reste de l'été. Je me suis alors demandé pourquoi Rizia, qui se désespérait de recouvrer son indépendance, partait au même endroit que lui. La vérité c'est qu'elle était complètement obsédée par Guy.

La maison de Laliberté à St-Bruno, située sur le flanc de la montagne, était un bijou architectural. Il y avait des œuvres d'art dans chaque pièce. Son système de sécurité était l'un des plus sophistiqués au monde, muni de sondes, de caméras vidéo et d'un système d'alarmes qui se déclenchait en un éclair au moindre mouvement suspect à l'intérieur comme à l'extérieur. Laliberté avait son propre lac privé et d'immenses jardins avec des rangées de grands arbres plus que centenaires. Les invités de plus petit calibre devaient signer une entente de confidentialité avant d'être autorisés à entrer. De magnifiques femmes d'un peu partout sur la planète étaient présentes, tout comme bon nombre d'hommes d'affaires, de personnalités du show-biz ou de stars du divertissement. Les festivités se prolongeaient habituellement durant plusieurs jours jusqu'à ce que le maître des lieux ordonne à son personnel d'activer le système d'arrosage, signal que la fête était officiellement terminée.

« La première fois que je suis allée à la maison de Guy, j'ai cru être au paradis », raconte "Abby", une effeuilleuse de Las Vegas pourtant coutumière de la folie des grandeurs. « Tout était si raffiné, si étudié. Je suis allée dans des demeures somptueuses aux Hamptons à Long Island, en Grèce et à St Tropez mais je n'ai jamais rien vu d'aussi incroyable que le manoir de Guy. C'était comme être au cœur d'une des plus belles merveilles du monde. »

« Tout était permis. J'ai tripé pendant quatre jours. Il y avait des tentes, des roulottes et des chambres aménagées pour dormir. D'autres étaient mises à disposition pour celles et ceux qui voudraient avoir des relations sexuelles. Il y a d'ailleurs eu de nombreuses orgies. J'en sais quelque chose parce que j'ai passé un bon moment avec un couple de riches Géorgiens. Ils expérimentaient des jeux sexuels et ils m'ont utilisée comme cobaye jusqu'à la fin du séjour. Nous nous sommes également beaucoup drogués. C'était une sacrée expérience. »

Même si l'intervention de la police durant ses fêtes excentriques posait problème à Guy Laliberté, il s'interdisait de leur fermer la porte. Au contraire, il les conviait à entrer en leur faisant promettre de fermer les yeux sur ce qu'ils verraient. « C'était donnant-donnant justifie le journaliste Esmond Choueke. Guy les laissait passer du bon temps s'ils promettaient de bien se comporter et de ne pas lui faire de tort par la suite. Les flics sont bien souvent de gros fêtards lorsqu'ils ne sont pas en service, alors c'était finement joué de la part de Guy. Il s'offrait l'ordre et la paix. Il y avait tellement de substances illicites et de luxure à vue. Il fallait vraiment faire quelque chose pour éviter une descente du SWAT – le groupe tactique d'intervention du Service de Police de la Ville de Montréal – au milieu de la nuit. Ça aurait fait les gros titres partout dans le monde à coup sûr. Bon an mal an, disons qu'il a évité le pire. »

En revanche, Laliberté a toujours fait en sorte d'éloigner les membres des Hells Angels. Bien qu'il ait côtoyé plusieurs dirigeants du gang de motards, il n'est jamais allé jusqu'à les convier à ses petites sauteries. « Guy s'assurait qu'elles exhalent le bon goût et qu'elles soient sécuritaires, raconte un habitué. Il ne souhaitait pas se mêler aux motards ou aux personnes indésirables. Il en a probablement rencontrés souvent, mais à Montréal c'est rare de trouver une personnalité dans le monde du spectacle qui n'ait jamais eu le moindre lien avec eux. En tout cas, je n'ai jamais remarqué de motards dans les fêtes organisées par Guy. S'il y en avait, alors ils étaient incognito, habillés normalement, sans leur veste et leur pantalon en cuir. »

Cet habitué précise qu'il y avait généralement environ mille convives présents lors de la réception principale. Certains repartaient au petit matin. D'autres, quelques dizaines, restaient en revanche une paire de jours à prolonger les plaisirs. « Ceux qui restaient étaient traités comme des rois. Guy leur servait la meilleure bouffe et les meilleurs alcools pour se détendre au soleil. À cette époque de l'année, l'été est là, il fait beau et la température est idéale, ce qui favorise la bonne humeur ambiante. Il n'y a pas meilleur moment pour une "garden party" qu'après le Grand Prix de F1, et Guy avait su synchroniser le tout avec talent. Il a toujours eu le sens du timing ».

Comme le voulait la tradition, Laliberté se mettait en scène au petit matin suivant le début de la fête. C'était sous un tonnerre d'applaudissements qu'il apparaissait sur une plate-forme surélevée pour être vu de tous. Il était torse nu, laissant apparaître sur son dos un énorme tatouage qui en surprenait plus d'un. Rapidement, de sa bouche sortait des flammes, comme lorsqu'il n'était qu'un simple amuseur public aux débuts des années 1980. Il rendait ses spectateurs complètement hystériques. S'en suivait l'arrivée de talentueux jongleurs, clowns et acrobates mais aussi de masseuses et de diseuses de bonne aventure. La foule répondait par des clameurs. Laliberté n'avait pas son pareil pour tenir les gens en haleine, avec une telle intensité. Il n'avait rien perdu de sa superbe et de son énergie sur scène. « Quand Guy apparaissait et qu'il exécutait son incroyable numéro de cracheur de feu, nous devenions tous fous », se souvient "Ginette", une assidue de ses fiestas. « Personne n'était en reste, tout le monde s'éclatait. Ça nous montrait combien notre hôte était doué artistiquement. Il y avait la drogue, le sexe et tout le reste, mais ce que je retiens aujourd'hui, c'est vraiment le numéro de cracheur de feu de Guy. C'était à la fois beau et spectaculaire. »

Eden Rothman était sur la liste des invités, avec son petit ami d'alors qui possédait un studio de postproduction cinématographique à New York. C'était son premier voyage à Montréal, mais de loin le plus marquant. Rothman concède un regret toutefois : ne pas avoir apporté une caméra vidéo tant ce à quoi elle avait assisté était spectaculaire. Les mots lui faisaient défaut pour raconter fidèlement ce qu'elle avait vu.

« Je venais de passer le vestiaire, des femmes nues tenaient des perroquets. C'était dément. Il y avait un nombre considérable de pièces partout dans la propriété. Chacune d'entre-elles diffusait un style de musique différent. Le principal DJ était phénoménal. Les gens dansaient dans la joie et la bonne humeur. Tout le monde se mélangeait très bien. On ne prêtait pas nécessairement attention aux vedettes présentes. C'était une seule et même grande famille heureuse. Mais le meilleur moment, c'est quand l'un des DJ m'a proposé de l'accompagner dans l'une des tentes réservées aux ébats sexuels. Mon petit ami a surpris sa proposition et a rétorqué : "OK mais à la seule condition que je me joigne à vous". On s'est retrouvés tous les trois et on a fait l'amour pendant plus de deux heures. C'était très spécial et très instructif. C'était la première fois que je voyais mon mec avec un autre type. Il m'a assuré qu'il avait adoré ça et en a conclu que n'importe quel homme devrait avoir une relation sexuelle avec un autre homme au moins une fois dans sa vie. Je n'oublierai jamais sa façon de me l'avouer. Il était vraiment sincère. Cela nous a rapproché plus que jamais. Il m'a aussi dit qu'il avait pris du plaisir à me regarder faire l'amour avec un autre que lui, tout comme j'en avais pris moi-même à les regarder. Nous ne sommes plus ensemble aujourd'hui mais nous garderons ce souvenir un peu particulier jusqu'au jour de notre mort. Je suis persuadée que la plupart de ceux qui ont participé aux fêtes de Guy ont, eux aussi, des souvenirs aussi mémorables. »

Un homme d'affaires célèbre à Montréal déclare qu'assister à la réception de Guy a été l'un des moments forts de sa vie. Trois ans avaient été nécessaires avant d'obtenir le précieux sésame par l'intermédiaire d'un de ses proches en contact avec Laliberté. Il se rappelle que des gens avaient afflué toute la nuit. Dès qu'il était arrivé, il avait été impressionné par le moindre détail. « J'ai beaucoup voyagé dans ma vie mais je n'avais jamais vu rien de tel. À vrai dire, je serais resté un mois si j'avais pu, tellement c'était bien. L'ambiance était tout simplement fabuleuse. Il se passait des trucs fantastiques absolument partout, il suffisait de se retourner. Je fumais occasionnellement du cannabis mais cette nuit-là, j'ai dû me faire une douzaine de joints. Il faut dire qu'ils étaient distribués comme des bonbons. Je me suis également fait plusieurs lignes de coke. Ça ne me posait pas de problèmes de me droguer dans pareil environnement. Je me sentais bien. Il m'a fallu plusieurs semaines pour m'en remettre mais je ne regrette absolument rien. Ça a été la plus grande nuit de toute ma vie. »

Un mannequin très connu, rencontré lorsque j'ai écrit mon livre sur le milieu de la mode, et que l'on appellera "Terri", retient elle aussi la fête du Grand Prix de Formule 1 chez Laliberté en 2002 comme l'un des événements les plus marquants en marge de sa carrière. Elle s'en souvient comme la soirée de tous les extrêmes, du plus glamour au plus absurde. « On réalisait tous que nous étions des privilégiés. Il n'y a pas eu une seule seconde de pause, ça bougeait partout et tout le temps. Personnellement, je pense que si ça avait duré encore quelques heures, je n'en serais pas sortie vivante. J'ai absorbé, cette nuit-là, plus de coke et d'ecstasy que durant tout le reste de ma vie. Je n'avais pas envie que ça s'arrête, comme les centaines d'autres chanceux qui étaient là. J'ai participé à plein d'événements, parce que ça fait partie du métier, mais je n'avais jamais assisté à une chose pareille. Le moins que l'on puisse dire, c'est que Guy sait recevoir et vous transporter dans des aventures rocambolesques, aussi inimaginables que ce qu'il propose avec le Cirque du Soleil. »

L'ancienne playmate Angie Everhart faisait également partie des invités de Laliberté ce même été, alors qu'elle tournait un film à Montréal, *Wicked Minds*. Everhart, fanatique notoire de l'univers jet-set, qui a pris goût au luxe aux côté du Prince Albert II de Monaco et de Sylvester Stallone, a dit pour sa part, que dès l'instant où l'on met un pied au manoir de Laliberté on se retrouve complètement transformé. « J'ai adoré ça. C'était de la folie pure pendant des heures. Tout le monde était si beau et si libre. C'était un peu comme si on laissait nos habitudes à la porte et qu'on se laissait aller au maximum. La musique était assourdissante, comme j'aime, le moment était intense, vraiment intense. Un conservateur aurait eu un choc en voyant les gens triper à ce point. Il aurait probablement cru que c'était lui qui avait des hallucinations. »

Il arrivait que les invités apportent des cadeaux à Laliberté. Mais il n'aimait pas ça. Le plus souvent, il les refilait à d'autres. Son plaisir à lui, c'était de donner et de regarder les gens s'éclater. « Guy arborait toujours un large sourire quand il constatait que ses invités prenaient du bon temps, confie un ami proche de Laliberté. Il n'aime pas recevoir, il aime juste donner, des émotions notamment. Je me rappelle le jour où l'une de ses bonnes copines qui vivait à New York l'a appelé pour lui annoncer qu'elle ne viendrait pas à sa fête parce que ses finances étaient trop serrées. Il lui a dit qu'il comprenait. Mais le Jour J, il a fait venir une limousine chez elle et lui a offert un billet d'avion en première classe et de quoi s'offrir une tenue de soirée pour qu'elle puisse venir malgré tout. Toutes les personnes qui connaissent bien Guy vous diront qu'il n'est jamais aussi excité que lorsqu'il sait qu'il va combler ou rendre quelqu'un heureux. Quand vous passez la porte de chez lui, peu importe d'où vous venez, il vous traite comme un roi ou une reine. »

La fin de la première partie de la fête était signalée par les stries rosées dans le ciel annonçant le lever du jour. Ne restaient sur place que les amis du cercle très intime de Guy. Tous se connaissaient très bien. Les réjouissances se poursuivaient durant de longues journées, accompagnées de musique, de rires et autres bonnes bouffes dans une ambiance plus cosy.

« J'ai noué des contacts que je garderai toute ma vie, dit Denis. Je ne sais pas comment Guy est parvenu à rassembler autant de personnes d'horizons si éloignés. Ça me dépasse complètement. Un après-midi que nous étions tous là à boire au soleil, j'ai fait la connaissance d'une Équatorienne. Elle m'a dit qu'elle avait rencontré Laliberté à Las Vegas lors d'un petit-déjeuner à la suite duquel ils étaient devenus bons amis. Guy est l'une des rares personnes qui peut, en moins de cinq minutes, faire connaissance avec chacune des personnes présentes dans une pièce et se rappeler des noms de tout le monde ensuite. Il aime sincèrement les gens. C'est l'une de ses plus grandes qualités. »

Laliberté résuma un jour que ses somptueuses fêtes étaient un hommage qu'il rendait aux gens qu'il invitait. Il voulait qu'ils gouttent au sentiment de liberté des années 1960, avec un zeste de modernisme en prime. « Il a pris un risque colossal avec tout ce sexe, cet alcool et cette dope », reconnaît "Ted", un des nombreux amis de Laliberté. « Ça aurait pu lui péter à la gueule si facilement. Il aurait suffi d'une overdose ou d'une plainte pour viol pour qu'il soit traîné devant la justice. Mais les dispositions qu'il avait prises pour éviter que cela n'arrive sont inimaginables. Bien sûr, il avait plein d'agents de sécurité et du personnel en faction un peu partout, mais il était absolument impossible de tout surveiller. Il se contentait de faire confiance aux gens, et force est de constater qu'ils ne l'ont jamais déçu. Je n'ai même jamais vu de bagarre éclater alors que des tas de types venaient avec leur épouse et faisaient de l'échangisme ou s'amusaient avec d'autres femmes. Tout était permis mais personne ne semblait protester »

Une autre amie de Laliberté se remémore le jour où elle lui avait demandé s'il avait l'intention d'organiser ce genre d'événements encore longtemps. Il s'était étiré le bras derrière la tête en regardant le ciel et lui avait répondu : « Jusqu'à ce que je n'aie plus de pouls ». La femme en question, qui faisait partie de l'équipe de planification des fêtes de Laliberté, s'était couchée près de lui toute nue. Mais contrairement à la majorité des hommes présents, elle n'était pas, selon elle, dans la mire sexuelle de Laliberté. « Tout le monde pense que Guy couche avec toutes les femmes sur laquelle il porte son regard. Peut-être, mais pour ne parler que de ma propre expérience, je suis amie avec lui depuis presque neuf ans et pas une seule fois il n'a dépassé les limites. Il me traite simplement comme une reine. Bien sûr qu'il couche avec beaucoup de femmes. Mais et vous, si vous aviez son argent et son pouvoir ? Et puis, il est faux de penser qu'il couche avec toutes les femmes qu'il rencontre. Bon nombre d'entre nous sommes uniquement ses amies intimes, celles qu'il appelle tous les ans pour l'aider à organiser la fête. Ce que je peux vous dire, c'est qu'il sait comment s'y prendre, il n'essayera jamais quoique ce soit avec une partenaire potentielle qui ne serait pas consentante. Il a de la classe. Je lui suis extrêmement reconnaissante pour cela. »

L'une des histoires les plus bizarres que j'ai trouvées par hasard en faisant mes recherches pour ce livre est celle d'un modèle de Los Angeles qui avait dépensé toutes ses économies pour venir assister à la partie. Elle avait dû attendre trois ans avant de découvrir son nom sur la liste des invités de Laliberté. Elle s'était liée d'amitié avec un producteur d'Hollywood qui avait été, un temps, assez proche du propriétaire du

Cirque du Soleil. Elle raconte qu'elle s'était offert quatre ensembles de créateurs, une mise en plis dans le salon où se rend Paris Hilton à Beverly Hills et s'était fait refaire les seins pour six mille dollars. Tout ça sans compter le billet d'avion, les frais d'hôtel et de voyage, etc. Elle s'était présentée à St Bruno avec des cicatrices et des marques rouges sur sa poitrine fraîchement remodelée. Elle aurait dépensé vingt mille dollars en tout. De retour à L.A., la semaine suivante, elle avait envisagé de remplir un dossier de mise en faillite personnelle. Mais sa malchance allait tourner, suite, justement, à la rencontre de la bonne personne lors de l'événement.

« J'ai entendu tellement de choses incroyables à propos des fêtes de Guy Laliberté, dit-elle. Il fallait absolument que mon nom figure sur la liste des invités pour au moins l'une d'entre elles. Quand mon ami producteur, qui le connaissait, m'a appelée pour me prévenir, j'ai passé des semaines à me préparer. Je voulais me faire remarquer. Je voyais ça comme étant l'opportunité de ma vie. Je voulais qu'on se retourne sur mon passage. Alors j'ai investi tout l'argent que je possédais, j'ai vidé toutes mes cartes de crédit. Quand je suis arrivée à la fête, c'était au-delà de tout ce à quoi je pouvais m'attendre. J'ai rencontré Guy et c'était super, il était tellement terre-à-terre. Le retour à la réalité a été difficile. Je venais de me ruiner pour une seule nuit de folies. Quand je suis revenue à Los Angles, je n'étais même pas en mesure de rembourser mes dettes. Mais deux semaines plus tard, un homme à qui j'avais donné ma carte de visite m'a téléphonée. Je lui avais parlé pendant plus d'une heure de mon désir de faire mes premiers pas comme actrice. Il m'avait informée qu'il produisait des films publicitaires pour un important réseau de télévision. Il m'appelait donc pour m'inviter à passer l'audition pour une annonce d'un nouveau produit de soins capillaires qui devait être diffusée sur une chaîne nationale. J'ai décroché le contrat et j'ai été très bien payée, en tout cas assez pour éponger mes dettes et pour mettre un peu d'argent de côté. Peu de temps après, j'ai obtenu un rôle dans une série. Ma carrière était lancée parce que j'avais pris le risque de faire le voyage à Montréal pour assister à la fête de Guy, quitte à me ruiner. Avec le recul, c'est la meilleure décision professionnelle que j'aie prise dans ma vie. »

Alors que des milliers de personnes profitaient des soirées fastueuses de Laliberté, une question restait en suspend : combien tout cela coûtait-il ? On trouve sur Internet des rumeurs sur le montant des frais engagés, variant de centaines de milliers de dollars à dix millions de dollars. Plus crédible, un ancien patron du Cirque affirme que les fêtes de Laliberté font partie des dépenses marketing de l'entreprise et que la facture se chiffre habituellement autour de trois millions de dollars. Ce qui représente pour Guy, un judicieux investissement.

« À ce jour, aussi stupéfiantes que ses fêtes puissent être, je suis persuadé qu'elles

Le Cirque du Soleil en représentation à Sao Paulo
6 février 2008, Sao Paulo, Brésil

Guy Laliberté

L'une des rares photos de Rizia et Guy lorsqu'ils étaient ensemble

Guy Laliberté et Claudia Barilla à la première de Wintuk, spectacle saisonnier du Cirque du Soleil à New York, au WaMu Theater du Madison Square Garden
8 novembre 2007, New York, NY, États-Unis

Guy Laliberté au Gotham Hall de New York au cours du "Never Follow Bash", la soirée organisée par Audi & Conde Nast en l'honneur des personnalités exceptionnelles.
9 juin, 2003; ville de New York, NY, USA

Guy Laliberté

Guy Laliberté et l'ancien pilote de Formule 1 Jacques Villeneuve dans le paddock lors du Grand Prix de Montréal.
7 juin 2008, Montréal, Québec, Canada

Le créateur du Cirque du Soleil, Guy Laliberté, et David Coulthard, pilote de Formule 1 au sein de l'écurie Red Bull Racing, lors du Grand Prix de Monaco en 2007
27 mai, 2007, Monte-Carlo, Monaco

La vie fabuleuse du créateur du Cirque du Soleil

**Des acrobates du Cirque du Soleil en répétition du spectacle
Kooza aux Galeries de la Capitale, à Québec**
4 juillet 2007, Québec, Québec, Canada

Une artiste du spectacle Alegria, présenté par le Cirque du Soleil au Royal Albert Hall à Londres
3 janvier 2007, Londres, Royaume-Uni

Guy Laliberté

Rizia avec la camera Sony Mini DV dont elle s'est servi pour filmer Guy chez lui au lit avec deux autres femmes.

L'ancienne top model brésilienne, Dione Cunha (à gauche sur la photo), qui a présenté Ian Halperin à Rizia Moreira (à droite)

La vie fabuleuse du créateur du Cirque du Soleil

Larry King, Paul McCartney, Yoko Ono, Olivia Harrison, Ringo Starr et Guy Laliberté (à droite) lors de la première représentation de Love à Las Vegas
26 juin 2007, Las Vegas, Nevada, États-Unis

Guy Laliberté, Ringo Starr et sa femme Barbara Bach célébrant l'héritage des Beatles à l'hôtel The Mirage à Las Vegas
30 juin 2006, Las Vegas, Nevada, États-Unis

Guy Laliberté

Domaine de Guy Laliberté à Saint-Bruno, en banlieue de Montréal, où il organise ses fêtes légendaires qui attirent la jet-set du monde entier.

Une architecture qui allie l'ancien au moderne, à l'image du Cirque du Soleil qui renouvelle un genre remontant à l'Antiquité

Guy Laliberté donne une conférence de presse pour le 25ème anniversaire du Cirque du Soleil.
8 février 2009, Montréal, Québec, Canada

n'auraient jamais eu lieu si Guy n'avait pas estimé au préalable qu'il pouvait compter sur un important retour sur son investissement, dit l'ancien patron. Ça n'enlève rien à ses qualités d'organisateur de soirées. Ce type est incomparable ! Il est meilleur que Hugh Hefner et meilleur que n'importe quel planificateur de soirées de remise des Oscars. Alors, comment peut-il en retirer de l'argent ? C'est simple. Il invite les personnes les plus influentes de la société et les plus riches de la planète et il les traite comme des rois. De retour dans leur pays, ils parlent de Guy et de son étonnante hospitalité et quand le Cirque part en tournée dans le monde, il est accueilli à bras ouvert et cela garantit son succès. C'est un plan marketing brillant et un bel exemple de gestion de réseau. Alors oui, je peux m'asseoir ici, vous regarder dans les yeux et vous dire qu'il fait ça parce qu'il a bon cœur, il adore offrir du bon temps aux gens. Mais il le fait avant tout pour ce que ça lui rapporte. Personne, pas même Guy, ne fait quoi que ce soit sans attendre quelque chose en échange. En l'occurrence, il le mérite, ne serait-ce que parce qu'il a rendu des tas de gens heureux. Les sourires sur les visages sont la preuve que toutes ces extravagances en valaient la peine, que cela ait coûté trois millions ou cent millions de dollars. »

Le goût dispendieux de Laliberté pour les fêtes se perpétue à chaque première de spectacles du Cirque du Soleil, à l'occasion desquelles il organise d'étincelants lancements. En novembre 2008, alors que les États-Unis subissaient déjà le ralentissement économique, Laliberté n'épargna aucune dépense pour la première du spectacle *Criss Angel Believe*. Après avoir investi cent millions de dollars, rapporte-t-on, pour produire ce show orchestrant la rencontre du magicien Criss Angel et du Cirque, Guy Laliberté déboursa un autre demi-million pour organiser une fête d'ouverture digne de ce nom. L'entrée était gratuite pour les trois mille détenteurs de billets qui avaient assisté aux représentations de 19h et de 22h ce jour-là. Les gens ressortaient avec un cadeau souvenir, un collier de chien sur lequel était gravé « Believe ». De nombreuses stars étaient également présentes, parmi lesquelles la playmate Holly Madison, par ailleurs petite amie d'Angel, et Mike Tyson, l'ancien champion du monde de boxe dans la catégorie poids-lourd. Une fête à couper le souffle. Les invités se voyaient offrir gracieusement des massages, du tabac aromatisé dans un salon de narguilés, des ensembles de maquillage de MAC et des cigares importés. Des boîtes de chocolat aux couleurs cramoisies étaient distribuées. Chacune des mignardises étaient emballées dans du papier doré et argenté avec l'inscription « Criss Angel Believe ». Des buffets étaient à disposition près de la piscine. Y étaient servis du bar mariné dans une sauce miso, de la paëlla aux fruits de mer et des portions entières de bifteck. On trouvait également du foie gras et du saumon fumé pour rester fidèle aux racines canadiennes françaises du Cirque.

Quelques années auparavant, en 2003, lors de la première de *Varekai* à New York, Laliberté avait une nouvelle fois impressionné ses trois mille invités. Des vestiaires tenus par des fées avaient été installés à côté du chapiteau jaune et bleu du Cirque, les rafraîchissements étaient servis par des dieux grecs, et un oursin rose et orange circulait chaussé de palmes dans la grande salle. Une équipe de quarante designers et stylistes avaient transformé les acteurs, les danseurs et les serveurs en personnages de la mythologie grecque. « C'était une sorte de jardin surréaliste », se remémore Gustavo Marcus, qui avait été le planificateur de l'événement.

Il y eut également les fois où Laliberté lançait ses nouvelles productions de manière un peu présomptueuse. En août 2003, il présenta son spectacle le plus attendu, *Zumanity*, en faisant une énorme réception. Le lendemain, il annonça que le spectacle était retardé parce qu'il n'était pas complètement au point. Il fit une nouvelle soirée de lancement un mois plus tard, plus grande encore que la précédente. Avant de reporter le show de nouveau à Noël. C'était la règle : si Guy Laliberté n'était pas 100 % satisfait, il n'hésitait jamais à retarder un spectacle, peu importe ce qu'il en coûtait.

Zumanity est la production la plus controversée du Cirque du Soleil. Elle raconte une histoire d'amour sensuelle entre deux hommes magnifiques. Jamais auparavant un spectacle du Cirque n'avait reçu autant de publicité à l'avance. On parlait alors du show le plus attendu de l'année 2003, plus attendu encore que n'importe quel spectacle de Broadway ou n'importe quel film hollywoodien. Un budget extrêmement provocateur de cinquante millions de dollars avait été alloué pour trouver deux vrais amoureux dans la vie. C'était Johan King Silverhult et Patrick King qui avaient été choisis comme chefs de file. Laliberté avait invité les King à une audition de douze minutes sur son yacht au large de St Tropez en août 2002, lors d'une de ses fêtes privées. « Ils nous ont demandé quelque chose de sensuel, de provocateur et d'athlétique », a expliqué Patrick King au journaliste Steve Friess de *The Advocate*. « À la fin nous étions nus. Ivana Trump, qui était sur le bateau, en avait la mâchoire qui pendait jusqu'au sol. »

« Les fêtes privées de Guy étaient encore meilleures que ses grandes réceptions officielles », assure "Rachelle", une amie strip-teaseuse de Laliberté qui raconte qu'elle était transportée par avion de Montréal pour se rendre à certaines d'entre elles tout au long de l'année. « Elles étaient plus intimes et encore plus excitantes. Guy engageait toujours les meilleurs DJ. Alain Vinet de Montréal, par exemple, est venu aux platines à plusieurs reprises. C'est mon DJ préféré ! Les performances ont toujours été avant-gardistes. »

Les réceptions somptueuses de Laliberté étaient, en quelque sorte, des réminiscences des fêtes somptueuses que donnaient divertissements préférés des

Romains. « Il n'y a véritablement que deux choses que le peuple désire ardemment, du pain et des jeux », affirmait le poète Juvénal, peut-être le dernier grand satire romain à la fin du premier siècle de notre ère. Les gens auraient fait n'importe quoi pour assister à ces événements populaires afin de s'évader de leur vie quotidienne. Exactement comme les foules qui viennent aux shows du Cirque du Soleil.

Au début, Laliberté réussissait à organiser ces fastueuses réceptions sans trop de difficultés. Mais ces dernières années, les fêtes à St-Bruno furent plus chaotiques. « Il devait faire face aux menaces répétées des voisins et de la police, explique un ami proche. Il a donc déplacé sa fête annuelle du début de l'été à l'aéroport de St-Hubert, et plus récemment il l'a limitée à un cercle d'intimes durant le week-end du Grand Prix du Canada, qui ne figure pas, en 2009, au calendrier du Championnat du monde de Formule 1. Par ailleurs, fatigué des plaintes précédentes, il veillait dorénavant à ce qu'aucune drogue ne soit ostentatoire et resserrait la bride sur l'organisation. On est aujourd'hui bien loin des grands excès. »

Malgré tout, personne ne renie le plaisir apporté par Guy, même s'il est aujourd'hui plus conventionnel. Sauf lors des fêtes de lancement où il entend donner un grand coup de pouce à ses affaires. « Chaque fois, Guy investit énormément d'argent, dit un ancien dirigeant du Cirque. C'est une stratégie de marketing brillante. Les journalistes n'osent pas écrire de mauvaises critiques de peur de ne plus jamais être invités. Or assister aux avant-premières est un privilège. En conséquence, les convives doivent lui montrer du respect s'ils espèrent revenir la fois d'après. Étonnamment, lorsque Guy mourra, je ne sais pas si on se rappellera plus de lui comme le créateur du Cirque du Soleil ou comme l'organisateur de fêtes mémorables. D'une façon ou d'une autre, je pense que personne ne pourra jamais oublier celui qu'il a été. »

17

Le jour précédent la fête du Grand Prix organisée par Laliberté en 2000 s'est déroulé un épisode que je n'oublierai jamais. À l'occasion d'un événement qui se tenait dans le cadre de la course, j'avais été embauché par la compagnie Air Canada pour jouer du saxophone devant son kiosque avec mon groupe. À cette époque, j'étais déjà un journaliste bien établi, mais je n'avais pas renoncé à ma première passion, jouer de la musique. Tandis que je m'époumonais sur des classiques du jazz tels que *Summertime* et *Girl From Ipanema*, un homme portant des lunettes de soleil et un chapeau beige, qui me semblait familier sans que je puisse l'identifier avec certitude, se tenait à ma gauche et semblait apprécier la prestation. Alors que nous faisions une pause, il est venu me parler, me confiant son amour pour le saxo et son admiration pour certaines des plus grandes figures de la musique telles que Charlie Parker, Art Pepper et John Coltrane. Il parlait avec un léger accent britannique. C'était quelqu'un de charmant qui arborait un large sourire. À un moment donné, il m'a pris vigoureusement par l'épaule et m'a assuré qu'il avait aimé ce qu'on jouait. Je lui ai alors demandé ce qu'il faisait dans la vie, et il a répondu qu'il était musicien, guitariste plus précisément. Je lui ai demandé s'il était dans un groupe et il m'a répondu que oui. Je lui ai demandé si c'était un groupe dont j'aurais pu entendre parler, et il a répondu : « Même si, à l'évidence, tu es plutôt branché sur le jazz, tu dois probablement connaître le groupe. Nous étions un groupe de rock'n roll, mais beaucoup de nos chansons ont été reprises par des musiciens de jazz ». La dernière partie de son indice venait de tout révéler. J'ai cru que j'allais m'évanouir lorsque j'ai finalement saisi qui il était. L'homme surnommé le « Beatle tranquille », qui était profondément passionné par le mysticisme indien, se tenait là, juste devant de moi. J'avais déjà rencontré de nombreuses célébrités par le passé, comme la princesse Diana, Oprah Winfrey et Brad Pitt. Mais je n'avais jamais été aussi enthousiasmé qu'en cette chaude journée d'été où j'avais fait la connaissance de George Harrison.

Harrison et moi avons parlé pendant plus d'une demi-heure, essentiellement de musique et d'art. Il m'a fait part de sa passion pour les courses automobiles et m'a dit qu'il attendait la course prévue le lendemain à Montréal avec impatience. Il suivait le championnat du monde de F1 depuis des années, voyageant aux quatre coins du monde dans son jet privé afin d'assister aux plus grands rendez-vous. Je l'ai interrogé au sujet d'un film, *Shanghai Surprise*, qu'il avait dirigé au milieu des années 1980. Ce film, l'un des vingt-trois long-métrages qu'il a produits pour sa société Handmade Films, mettait en vedette Madonna. Il m'a alors regardé avec un large sourire et m'a dit : « Ça a été un peu dur de travailler avec elle. Elle y mettait beaucoup d'énergie mais on ne s'entendait pas vraiment d'un point de vue créatif. La production du film n'a pas été une partie de plaisir. On peut même dire que ça a été un cauchemar. »

Au sujet des reprises de jazz auxquelles il avait fait allusion, je savais que Frank Sinatra avait souvent répété qu'une des compositions les plus célèbres de Harrison, *Something*, était l'une « des plus grandes chansons d'amour des cinquante dernières années ». « Ça a été un grand hommage de la part de Frank, m'a dit Harrison. Il chantait des ballades mieux que quiconque. Il y avait tellement de conviction dans ses prestations, tellement de style. J'ai vraiment été flatté quand il a dit ça. »

Pour une raison ou pour une autre, j'ai essayé de persuader Harrison de me laisser mettre à jour son autobiographie. Il était le seul membre des Beatles à en avoir écrit une, *I Me Mine*, publiée en 1980. Je lui ai parlé du livre controversé que j'avais écrit quelques années plus tôt sur la mort de Kurt Cobain. Il m'a répondu qu'il en avait entendu parler.

« Peut-être qu'un chapitre supplémentaire avec une petite dose de piquant pourrait être intéressant, m'a-t-il déclaré. Petit, je pourrais probablement m'asseoir ici et te raconter des histoires croustillantes pendant les dix prochaines années. Il n'en a pas manqué pendant ma carrière, particulièrement lorsque j'étais avec les Beatles. »

Je craignais que mon offre ne sème le doute dans son esprit. Au lieu de cela, il m'a demandé mon numéro de téléphone et m'a dit qu'il me contacterait s'il décidait un jour de retravailler son autobiographie ou même d'écrire un autre livre. « On ne sait jamais, a-t-il ajouté. Si je t'ai rencontré ici aujourd'hui, c'est peut-être pour une bonne raison. »

À la fin de cette conversation, mon esprit était en ébullition. J'ai dû faire beaucoup d'efforts pour recouvrer mon calme avant d'entamer mon prochain morceau. J'ai serré la main de George et il est parti. J'essayais tant bien que mal de donner l'impression que j'étais serein. Je venais tout juste d'avoir une conversation avec l'un des plus grands musiciens de tous les temps, l'homme qui avait toujours été mon Beatles, mon Traveling Wilburys et mon guitariste préféré.

Le lendemain, Harrison assista avec cent mille autres spectateurs à la victoire du pilote allemand Michael Schumacher au Grand Prix du Canada, sous un temps pluvieux. Mais la pluie avait sans doute été le dernier des soucis de cet homme qui avait grandi en Angleterre.

Le soir même, Harrison se rendit à la fête de Laliberté à St-Bruno. C'était un fan du Cirque du Soleil et il était impatient de retrouver son propriétaire, qu'il avait souvent croisé sur les circuits du monde entier. Les deux hommes avaient longtemps partagé une admiration mutuelle. Harrison aimait les manières amicales et décontractées de son hôte.

Harrison est l'un des deux musiciens les plus célèbres à s'être rendu chez Laliberté, l'autre étant Bono qui quelques années plus tard pousserait la chansonnette lors d'une prestation privée spéciale.

« Guy a toujours aimé traîner avec des musiciens parce que la musique fait fondamentalement partie de sa vie, dit Denis. Sa rencontre avec George Harrison a été un moment fort. Il en parle encore aujourd'hui. Il n'oubliera sans doute jamais à quel point Harrison était humble et aimable. Je l'ai vu parler de lui en étant complètement bouleversé. Et Guy n'est pas du genre à se laisser envahir par les émotions facilement. »

Quelques années plus tard, Rizia – qui était toujours avec Guy en l'an 2000 – m'a raconté la réaction qu'elle avait eue lors de sa rencontre avec Harrison. « Je me souviens lui avoir parlé en me tenant à ses côtés. Il avait un accent britannique. C'était un homme très gentil. Je ne l'aurais jamais reconnu. Quand il m'a révélé qu'il avait joué dans un groupe de rock, j'ai eu beaucoup de mal à deviner qui il était. Je me sentais un peu embarrassée. Mais chez Guy, il y avait toujours des gens célèbres qui passaient, et dans bien des cas, je n'avais aucune idée de qui il s'agissait. Je n'étais pas très au fait de ce genre de choses. Pour moi, les gens restent juste des gens. »

Plus tard cette nuit-là, autour d'un feu de camp, Laliberté et Harrison nouèrent une relation d'amitié complice et sincère. Guy, comme la plupart des jeunes Québécois qui ont grandi dans la culture hippie des années 1960, était impressionné. Un de ses plus grands héros était présent à sa fête. Il n'avait jamais semblé aussi comblé.

« Je n'avais jamais vu Guy aussi heureux que ce soir là, affirme Denis. Il avait grandi en écoutant les Beatles. Ils étaient ses idoles. Être en présence de George

Harrison était sans doute quelque chose qu'il n'avait jamais cru possible. »

Laliberté et Harrison parlèrent de musique, de voitures de sport et de la vie en général. Les deux hommes étaient passionnés par les voitures de course et tous deux faisaient partie des cent personnes qui s'étaient procuré la McLaren F1. Ils discutèrent également d'une idée géniale que Harrison avait lancée, sur un coup de tête : pourquoi le Cirque du Soleil ne présenterait-il pas un spectacle sur les Beatles ? Laliberté, ne sachant pas s'il était sérieux ou s'il plaisantait, répondit immédiatement que cela pourrait être une idée brillante. Sur le ton de la rigolade, il dit à Harrison que ce serait super de voir les clowns et les échassiers du Cirque interpréter des chansons telles que *Get Back* et *Penny Lane*.

Vers la fin de la soirée, Harrison demanda à Laliberté de lui promettre de venir lui rendre visite à son manoir en Angleterre. Guy tint parole et ce fut lors de cette visite que les deux hommes commencèrent à visualiser le spectacle et à lui donner du relief. À la fin du séjour de Laliberté, les deux artistes fortunés avaient jeté les bases du futur show. Si rien ne devait jamais découler de tout cela, au moins auraient-ils pris beaucoup de plaisir à en parler.

Un an et demi plus tard, Harrison tomba gravement malade. En 1997, il avait découvert qu'il était atteint d'un cancer de la gorge après qu'une grosseur ait été repérée sur son cou. Il en avait imputé la cause aux nombreuses cigarettes qu'il avait fumées chaque jour dans les années 1960. Progressivement, le cancer s'était propagé. En mai 2001, il subit une opération à la clinique Mayo, un centre hospitalier reconnu situé dans le Minnesota, afin de se faire enlever une tumeur localisée sur l'un de ses poumons. En juillet 2001, le cancer atteignit le cerveau. Harrison prit l'avion pour la Suisse, où il se rendit dans une clinique réputée afin de recevoir une chimiothérapie intensive. Le 29 novembre 2001, dans sa résidence de Los Angeles – qui avait appartenue à la femme qui, lui avais-je raconté, pourrait bien être derrière la mort de Kurt Cobain, Courtney Love – Harrison succomba à son cancer. Il n'avait que 58 ans.

« Lorsque Guy a appris la nouvelle, il était effondré, dit Denis. Pour la première fois de sa vie, il venait de réaliser que tout le monde meurt. Comme Jim Morrison l'avait si bien dit, "personne ne sortira d'ici vivant". Cette nouvelle a eu un effet à long terme sur Guy. Il était plus déterminé que jamais à tenir la promesse qu'il avait faite à George. »

Harrison était mort avant que ses plans avec Laliberté n'aient pu se concrétiser. Mais Guy était bien décidé à réaliser le rêve que lui et son ami avaient caressé, célébrer l'héritage des Beatles dans un spectacle du Cirque. Le plus dur était de convaincre les autres membres du groupe encore en vie, ainsi que les veuves de John Lennon et de

George Harrison, d'adhérer à ce projet. La tâche allait être monumentale. Depuis des années, les conflits des Beatles faisaient les gros titres de la presse internationale. Après la séparation du groupe, personne n'avait jamais plus réussi à les rassembler dans une même pièce, et encore moins à les convaincre de s'entendre sur une nouvelle production. Laliberté réalisa qu'il allait avoir du pain sur la planche.

« Lors des pourparlers avec les Beatles, Guy en avait par-dessus la tête, dit un ancien dirigeant du Cirque du Soleil. Je pense que c'est la chose la plus délicate qu'il ait jamais dû faire, mais ça a aussi été sa plus grande réussite. Beaucoup de gens avant lui avaient échoué misérablement dans leur tentative de réunir ces quatre légendes sur un projet commun. Lors des négociations, Guy semblait souvent en avoir plus qu'assez. Les Beatles et leurs managers pouvaient parfois se montrer très difficiles. Il faut reconnaître qu'il a eu énormément de mérite. Il n'a pas lâché prise. C'était un fan de George. Il voulait le rendre fier. Il voulait partager avec le reste du monde la formidable musique des Beatles, mais sous une forme artistique différente. Je pense non seulement que le résultat final s'est avéré être incroyable mais qu'en plus, Guy mérite une médaille pour avoir rendu tout cela possible. Pouvez-vous imaginer que la seule personne au monde qui ait réussi à réunir les Fab Four n'est autre qu'un Québécois qui, peu de temps auparavant, jouait dans les rues pour survivre. C'est hallucinant ! »

Au final, il aura fallu à Laliberté pas moins de trois ans d'âpres négociations avec les Beatles, leur société d'exploitation Apple Corps Ltd. et le MGM Mirage, avant de pouvoir signer les contrats. Il est le premier à admettre qu'à certains moments, il était persuadé qu'il allait perdre la bataille. En fin de compte, sa ténacité a, une fois de plus, fait la différence.

Apple Corps, réputée pour veiller jalousement sur l'héritage des Beatles, fit de nombreuses recherches sur Laliberté et son cirque. Au cours des années précédentes, la société avait poursuivi EMI Records et Apple Computer Inc. pour violation de droits d'auteur et de marque. Mais Laliberté n'était pas du même acabit. Il démontrait plus d'intégrité et de sagacité que n'importe qui d'autre. Cela suffit pour convaincre le directeur d'Apple Corps, Neil Aspinall, de lui donner le feu vert. Aspinall devint le producteur exécutif du spectacle. La conception du show fut confiée à Dominic Champagne et à l'un des pères fondateurs du Cirque, Gilles Ste-Croix, également directeur de la création.

« C'est un spectacle monstre pour Vegas, déclara Laliberté. Les Beatles ont été séparés pendant plus de trente ans et pour la première fois, ils ont officiellement approuvé un projet les concernant. Ils ont même travaillé avec nous. C'est probablement l'un des plus grands événements artistiques de l'année. Les Beatles, Yoko (Ono) et

Olivia (Harrison) ont tous participé aux différents aspects du projet : la musique, le concept du show. Ce spectacle porte sur l'amour et, tout au long de son élaboration, il a été nourri par l'amour ». Par conséquent, le spectacle fut appelé *Love*.

Pas même Yoko Ono, jugée responsable de la séparation des Beatles, ne se mit en travers de la route de Laliberté. La plupart des connaisseurs des Beatles furent stupéfaits que le fondateur du Cirque du Soleil ait pu obtenir la coopération de la veuve de Lennon, compte tenu de sa réputation de « control freak » et de manipulatrice. Guy démontra une fois de plus qu'il pouvait accomplir l'impossible.

« Le fait que Laliberté ait été capable de tous les rassembler dans la même pièce est probablement l'un des plus grands exploits jamais réalisé dans toute l'histoire du groupe », dit le collectionneur d'articles des Beatles, Dan Newman. « Les Fab Four étaient en guerre depuis des décennies. Je me souviens de la première fois où j'ai entendu parler du spectacle à la radio. J'avais alors cru qu'il s'agissait d'une sorte de farce. Lorsque j'ai découvert que c'était vrai, je n'arrivais toujours pas à le croire. Je ne pouvais pas imaginer que Yoko Ono et Paul McCartney aient accepté de travailler ensemble sur un même projet. Ils se détestaient. Laliberté devrait devenir politicien. S'il a pu résoudre ce conflit, il pourrait probablement apporter la paix au Proche-Orient et dans d'autres régions déchirées par la guerre. »

Love devint rapidement le show le plus en vue du moment. Présenté sur une bande sonore composée d'extraits remixés et améliorés de cent trente morceaux des Beatles tels que *Lucy in the Sky with Diamonds* et *A Day in the Live*, le spectacle d'acrobaties et de danse était un invitation au voyage à travers les époques : la Seconde Guerre mondiale, l'ère de la « Beatlemania » des années 1960 et les dernières années des Beatles faisant ensemble des albums en studio. La production sensationnelle mettait en scène des personnages tirés des chansons du groupe, tels que M. Kite, Lady Madonna, Sgt. Pepper et le Morse. Pour la toute première fois, la musique était la pièce maîtresse d'un spectacle du Cirque, les interprètes étant relégués au second plan. C'était une véritable expérience de rock'n roll. Des foules entières allaient se presser afin de pouvoir assister à ce spectacle unique présenté dans un théâtre flambant neuf d'une contenance de deux mille treize places, doté de six mille trois cents quarante-et-un haut-parleurs et ayant coûté cent trente millions de dollars.

Le décorateur français Jean Rabasse équipa spécialement chaque siège de trois haut-parleurs, dont deux sur l'appui-tête. La scène, elle, était plus élaborée que jamais, avec ses neuf ascenseurs ainsi que ses huit pistes et ses poulies automatisées. Mais le plus grand défi était de faire en sorte que les fans des Beatles embrassent le concept de *Love*. Nul autre que l'ambitieux Cirque du Soleil de Laliberté ne pouvait mieux accomplir une telle mission.

« J'ai essayé de m'inspirer des paroles, mais également des étapes et de l'évolution de leur carrière », explique le créateur du concept du spectacle, Dominic Champagne. « Nous avons tenté d'être spirituels et physiques sans être trop didactiques. Je ne voulais pas faire la version live de "The Anthology". Nous n'étions pas là pour enseigner l'histoire des Beatles. »

Le producteur des Beatles, George Martin, et son fils Giles, tous deux directeurs musicaux du spectacle, eurent pour première tâche de dénicher des enregistrements originaux dans les coffres-forts du groupe. Ils passèrent ensuite des années en studio afin de retoucher digitalement les morceaux sélectionnés. « Nous voulions que le spectacle soit une nouvelle performance pour le Beatles, dit Giles Martin au magazine *MacLeans*. L'idée était d'essayer de faire écouter les chansons différemment, pour que les gens les redécouvrent. »

Love marqua également un autre développement dans l'illustre carrière de Laliberté. C'était la première fois qu'il prévoyait que l'un de ses spectacles serait joué à guichets fermés pour les dix prochaines années au moins.

« Vu comme le spectacle marche actuellement, il pourrait très bien continuer à être présenté à guichets fermés pour les cent prochaines années », déclare Dawn Olsen, rédactrice d'un site Web sur les célébrités, Glosslip.com. « J'ai vu le spectacle avec mon mari et nous avons été complètement captivés et transportés. Nous avions les larmes aux yeux. C'était une expérience si belle et si magique. Une véritable aventure ! »

Au gala d'ouverture, le 30 juin 2006, un véritable miracle se produisit. Tous les membres de la famille des Beatles encore en vie se réunirent dans la même salle. Paul McCartney, Ringo Starr et son épouse Barbara Bach, Yoko Ono, Olivia Harrison et son fils Dhani, Sir George Martin et même la première épouse de John Lennon, Cynthia, et son fils Julian Lennon, tous défilèrent sur le tapis rouge du Mirage Theatre. La seule personne qui n'était pas présente était Sean Lennon.

Contrairement au style traditionnellement avant-gardiste des soirées de première du Cirque, la fête de lancement fut légèrement clinquante et tape-à-l'œil. Mais personne ne semblait s'en préoccuper. De nombreuses vedettes affluèrent, telles que Brian Wilson des Beach Boys, Sheila E., Richard Marx, Paul Reiser, Debbie Harry, Hamish Stuart et Robert Goulet.

Après la spectaculaire soirée d'ouverture, Ringo Starr déclara : « La musique était incroyable ! J'ai été surpris de ressentir une telle émotion en entendant les voix de George et de John. Deux de nos frères étaient dans la salle, même s'ils n'étaient pas assis à nos côtés. »

Le très respecté journaliste de Fox, Roger Friedman, était présent pour interviewer les Beatles et les membres du Cirque du Soleil. Au cours de son bulletin d'information du 3 juillet, Friedman raconta qu'il avait surpris Paul McCartney adresser un sourire rayonnant à l'autre Beatles Ringo Starr. « Nous étions un très bon groupe, n'est-ce pas ? » avait-il dit. Cynthia Lennon ne put dissimuler son émotion lors de son interview. « J'étais au bord des larmes à la fin. Je tiens à dire que le spectacle m'a vraiment transportée ». À la fin de la première, McCartney monta sur scène et reçut une ovation assourdissante lorsqu'il cria à la foule : « À John et à George ! »

À nouveau, Laliberté avait fait taire tous ses détracteurs et prouvé au monde entier que tout était possible. Sur CBSNews.com, il expliqua : « Nous n'avons pas peur de remettre en jeu notre succès en explorant de nouvelles contrées. Nous sommes des aventuriers. Nous aimons découvrir des terrains inconnus, des champs artistiques inexplorés. C'est ce qui nous stimule. »

Pour Guy, le gala d'ouverture de *Love* fut en réalité une double célébration. Il avait invité soixante-quinze membres de sa famille à venir fêter le cinquantième anniversaire de mariage de ses parents, Blandine et Gaston Laliberté. Le couple renouvela ses vœux à la chapelle du Bellagio avant de rejoindre le luxueux restaurant de Julian Serrano, le Picasso. « C'est grâce à eux que je suis ce que je suis, dit Laliberté. C'est le cadeau que je leur offre. »

Dans une certaine mesure, on pourrait penser que *Love* a constitué le point culminant de la carrière mouvementée du dirigeant du Cirque du Soleil. Comment pourrait-il faire mieux ? Laliberté lui-même se posait cette question. Mais il refusa de ralentir, créant de nouveaux spectacles et se consacrant de plus en plus à l'un de ses hobbies préférés : le jeu.

« Nous avons de quoi nous occuper pour les six ou sept prochaines années à venir, dit Laliberté. Nous sommes avant tout des messagers de la bonne nouvelle. L'objectif du Cirque demeurera le même : contaminer la planète avec des projets créatifs de qualité qui transmettent un message d'espoir. »

18

Fort de sa réussite professionnelle, Laliberté avait acquis une grande confiance en lui. Il se sentait capable de surmonter n'importe quoi, même ce qui semblait perdu d'avance. Après être parvenu à produire *Love*, il avait l'impression qu'il gagnerait encore et toujours. Ayant passé beaucoup de son temps à Vegas durant les dernières années, il ne comptait plus les nuits blanches passées sur le Strip à jouer au backgammon et au blackjack dans les casinos. Il s'était adapté à ce nouvel environnement où il était permis de jouer pour s'enrichir. Au début de sa relation avec la renversante Claudia Barilla, il lui avait promis de se calmer et de ralentir sa vie de fêtard insouciant. C'était l'une des conditions qu'elle lui avait imposées s'il voulait avoir des enfants avec elle, ce dont il mourrait d'envie. Il avait déjà eu trois beaux enfants avec Rizia Moreira, mais il désirait en avoir plus. « Guy a toujours dit qu'il espérait avoir beaucoup d'enfants, explique Alice. Quand il rencontre des femmes comme Rizia et Claudia, il se fait une idée de ce à quoi les petits pourraient ressembler. Et comme dans ses affaires, il voit toujours juste. Guy est étonnant de prévoyance. Il suit son instinct et il se trompe rarement. »

Laliberté côtoyait une autre Québécois renommé, René Angélil, connu pour parier des sommes colossales au poker lors de ses passages à Las Vegas. Ils s'étaient croisés à plusieurs reprises dans les casinos, et Angélil avait filé quelques astuces de joueur invétéré à Laliberté. Le mari de Céline Dion avait admis qu'il était du genre compulsif et qu'il avait perdu plusieurs millions de dollars au black-jack et à la roulette, des jeux de hasard où la chance est plutôt du côté du propriétaire de l'établissement. C'est ce qui l'avait incité à ne plus jouer qu'au poker, un jeu où les probabilités de l'emporter sont bien plus élevées. « René était impressionné par l'incroyable ascension de Guy, raconte un ami des deux hommes. Ce n'était pas non plus comme s'ils sortaient ensemble tous les soirs. Ils n'avaient d'ailleurs pas grand-chose en commun. René lui avait sûrement donné un cours accéléré sur le poker. Quant à Guy, il était disposé à écouter les conseils qu'on lui donnait pour progresser dans sa nouvelle passion, que cela vienne de René Angélil ou de n'importe qui d'autre. »

En 2007, Laliberté reçut des éloges d'un peu partout dans le monde et se vit remettre plusieurs prix pour la qualité de son travail et de sa réussite entrepreneuriale. Entre autres distinctions, il devint membre de l'Ordre du Canada et intégra la liste des cent personnes les plus influentes au monde publiée par le magazine *Time*. Il fut également désigné comme étant le 664ème homme le plus riche du monde par le magazine *Forbes*, avec une fortune évaluée à un milliard et demi de dollars. Laliberté pouvait donc se permettre de jouer de l'argent sans trop de soucis lorsqu'il se lança dans la frénésie du poker.

Les facilités en mathématiques et les aptitudes sociales requises par ce jeu de cartes interpellèrent Laliberté. Il joua d'abord aux tables du Bobby's Room au Bellagio, où était présenté le spectacle « O » du Cirque du Soleil. Il y venait pour s'amuser, mais il voulait quand même gagner. « J'ai commencé à jouer au poker pour le plaisir et le loisir que ça procure, explique Laliberté. J'ai appris en lisant et en parlant aux gens. C'est un jeu complet qui fait appel à l'intelligence, mais aussi à la chance. C'est un jeu très compétitif et j'aime la compétition. »

Laliberté montra rapidement qu'il était capable de rivaliser avec les meilleurs joueurs. Il commença à jouer sérieusement au poker fin 2005. Il en apprit les rouages et les subtilités en seulement quelques mois. Il allait bientôt entrer dans la cour des grands. Il connut son plus grand succès lors du World Poker Tour, en avril 2007, au cours duquel il empocha près de sept cent mille dollars. Cela lui valut une invitation à participer à la quatrième saison de la populaire émission télévisée *High Stakes Poker*, diffusée en novembre 2007. Laliberté devenait soudainement célèbre pour quelque chose de totalement différent du Cirque du Soleil.

« Guy a reçu du courrier de fans qui l'avaient vu jouer au poker à la télé, selon un ancien collaborateur. En tant que patron du Cirque, le public ne le reconnaissait pas. Il se promenait souvent au milieu de la foule les soirs de première, pour voir les réactions des gens, écouter leurs commentaires et prendre des notes Il était rare que quelqu'un le reconnaisse. Mais à partir du moment où il a été vu pour ses prestations de poker à la TV, il était reconnu presque partout où il allait. Les gens l'arrêtaient dans la rue pour lui demander un autographe. Que voulez-vous, Guy est un homme qui a neuf vies. Il court partout et ne s'arrête jamais. Avec lui, impossible de prévoir, on ne sait pas à quoi s'attendre, ni ce qu'il sera capable de faire dans le futur. »

Cela étant dit, Laliberté dut faire ses preuves sur le circuit international de poker, exactement comme avec le Cirque à ses débuts. Il essuya plusieurs échecs avant que la réussite ne se mette à lui sourire. Certains requins de la planète poker qu'il affrontait comptaient plus de trente ans d'expérience. Lorsqu'il débarqua sur le circuit professionnel, ils n'en firent qu'une bouchée. Laliberté, qui jouait sous le pseudonyme « Noataima », devint le plus grand perdant de l'année 2007 sur le site *Full Tilt Poker*, la note totale s'élevant à près de sept millions de dollars. Le fondateur du Cirque du Soleil se cachait également sous d'autres pseudos, Patatino et Elmariachimacho entre autres, mais les internautes parvenaient toujours à le démasquer. Ses concurrents salivaient lorsqu'un de ces noms entrait dans le jeu, sachant qu'ils avaient de bonnes chances de vider les profondes poches de Guy Laliberté.

Mais peu importe les sommes perdues, il ne se laissa jamais décourager. Plus il perdait et plus il jouait. À la fin de l'année 2007, il affronta le célèbre joueur de poker Doyle Brunson pour une mise de huit cent dix-huit mille dollars, le plus grand pot jamais disputé sur *High Stakes Poker*. L'émission bénéficiait d'une des plus grandes audiences du réseau de télévision par câble GSN aux États-Unis. Brunson, surnommé Ted Dolly, tourna Laliberté en dérision, le poussant dans ses retranchements en élevant la mise à trois cent dix mille dollars avant de pousser le reste de ses jetons au milieu de la table de jeu. Lorsque, sans trembler, Laliberté renchérit, le silence s'imposa dans la salle. Les spectateurs le regardèrent comme s'il avait perdu la tête. Avant cela, les quatre autres joueurs professionnels s'étaient retirés du jeu, laissant tête à tête Brunson et celui qu'il appelait « le milliardaire amateur ». Inutile de dire que le légendaire Texan remporta l'intégralité du pot haut la main. Après cette main record, Brunson tenta d'expliquer l'imprudence de son adversaire : « Lorsque vous n'obtenez pas une seule paire en huit heures, vous devenez fous. »

Laliberté fit bien comprendre aux autres concurrents que ses pertes d'argent n'allaient pas l'empêcher de dormir. Il leur assura qu'il pouvait se permettre de perdre de grosses sommes. Et il le prouva en décembre 2007 lorsqu'il pulvérisa sa mise record, avec Brunson, en disputant un pot à 1,2 millions de dollars contre David Benyamine. Réalisant qu'il avait la meilleure main, il pria le Français de faire marche arrière. « C'est beaucoup d'argent pour toi, mais pas pour moi. Je peux me permettre de perdre, mais pas toi ». Brunson, qui était également présent à la table, mit les choses en perspective, conseillant à Benyamine d'y penser à deux fois : « Pour Guy ce pot représente une journée de travail, mais pour toi ça représente toute ta vie », lui dit-il, avec un large sourire.

Laliberté proposa de ne jouer que ce qu'il y avait au milieu du tapis et d'oublier le reste. Benyamine accepta finalement cette offre et limita sa perte à quarante-sept mille dollars. « Guy ne s'est pas présenté avec l'intention de vider nos poches, indiqua plus tard Doyle Brunson. Il aime gagner, bien sûr, mais c'est avant tout un vrai gentleman. Ce qu'il a fait avec David ce jour-là est l'une des choses les plus classes que j'ai jamais vues. Il aurait pu lui prendre tout ce qu'il avait parce qu'il savait qu'il était grand favori. Il aurait pu l'anéantir et le ruiner. Mais au lieu de cela, il lui a permis de s'en tirer. »

Laliberté est devenu l'un des joueurs les plus appréciés du populaire tournoi télévisé. Il s'est fait un nom auprès des téléspectateurs, même s'il ne démontrait pas les mêmes aptitudes que ses adversaires, plus expérimentés. « Quand je l'ai vu la première fois, j'ai tout de suite su qu'il était différent, c'était une sorte de joueur d'un genre nouveau », reconnaît Richard Dewitt, un joueur de poker de longue date à Vegas et fan de l'émission de télévision. « Son jeu n'était vraiment pas terrible mais il était si sympa qu'on ne pouvait s'empêcher de l'encourager, quoi qu'il arrive. Je n'avais jamais vu un joueur aussi divertissant avant lui. Il ne se préoccupait pas de perdre de folles sommes d'argent. Il en riait même avec ses adversaires, leur répétant qu'il pouvait se le permettre parce qu'il était milliardaire. Il portait souvent un tee-shirt et une casquette de baseball. Sa décontraction me fascinait. Ce n'est pas tous les jours que vous voyez une personne aussi riche se comporter de manière aussi cool et désinvolte. »

L'année suivante, en raison de son emploi du temps très chargé avec le Cirque du Soleil, il fut contraint de réduire ses apparitions. À son retour, en avril 2008, tous les joueurs du circuit se frottèrent les mains. Ils anticipaient que, fidèle à ses habitudes, Laliberté parierait des sommes élevés, qu'il ait de bonnes cartes ou pas. « Lors de son premier match, il a perdu plus de deux cent mille dollars, se souvient Dewitt. Les autres joueurs ont plaisanté en lui disant que c'était bon de le voir revenir. Guy semblait enthousiaste lui-aussi, même dans la défaite. C'est vraiment étrange de passer ses soirées à perdre de l'argent. Mais, comme il l'a souvent répété durant l'émission, ça importe peu, il n'en ressent jamais l'impact. »

Laliberté promit à tous ceux qui le regardaient qu'il continuerait à s'améliorer. Il jouait aux cartes exactement comme il gérait le Cirque du Soleil à ses débuts, en prenant le risque de parier gros, comme lorsqu'il avait pris un aller simple avec toute sa troupe à destination de Los Angeles, sans avoir les moyens de rentrer ensuite au Québec. Au poker, il comptait sur le même culot et la même débrouillardise qu'il avait appris plus tôt dans sa carrière. « On peut se faire éliminer très rapidement, assura Laliberté en novembre 2008. Dans la rue, il faut savoir faire confiance aux gens et lire dans leurs yeux. Cet instinct peut vous sauver la vie. On peut reproduire cette logique au poker. D'une certaine façon, nous sommes un petit groupe d'enfants de la rue. »

19

Alors que le monde scrute le Cirque du Soleil pour voir ce qu'il adviendra de lui dans le futur, Laliberté a conscience d'être au centre de tous les regards. Cela aurait même tendance à le mettre sous pression. Mais l'expérience lui a appris à éviter de paniquer. Guy a souvent répété que ses jours au sein du Cirque n'étaient pas comptés, mais qu'il n'avait pas pour autant l'intention de les gaspiller en restant immobile.

« Les affaires sont difficiles, concédait Laliberté dans une entrevue à la chaîne américaine PBS. Mais on peut aborder la situation de deux manières : soit sérieusement, soit en prenant du plaisir et en s'amusant. Au Cirque, nous essayons de rendre le travail aussi divertissant que le sont nos spectacles. »

Pourtant, les témoignages à l'intérieur du Cirque font parfois état de conditions de travail moins idylliques. Laliberté a d'ailleurs été accusé d'exploiter certains de ses artistes, particulièrement ceux originaires de Russie et d'Extrême-Orient.

« J'ai renoncé à beaucoup de choses pour faire partie du Cirque du Soleil et finalement, je n'ai fait que ruiner ma vie, raconte un acrobate russe. Je n'étais pas bien payé, je me suis blessé, et maintenant il ne me reste plus rien. Ils vous utilisent lorsque vous êtes en pleine forme, mais quand les choses se compliquent, ils vous remplacent en quelques secondes. C'est comme ça que ça fonctionne, malheureusement. Certains interprètes sont bien payés, mais uniquement ceux qui ont des aptitudes très rares. Les autres interprètes comme moi sont mal payés, travaillent pendant de longues heures et ont des carrières très courtes. Ce n'est pas l'opportunité exceptionnelle que la plupart des gens s'imaginent. »

Le mécontentement des artistes du Cirque a parfois mené à des révoltes contre les membres de la direction. Ce fut par exemple le cas en février 2008. Le Cirque était alors au nord de la Californie pour jouer *Kooza*, nouveau spectacle fortement acclamé réunissant deux traditions de l'univers circassien, les acrobaties et les clowneries. En pleine tournée, de nombreux interprètes et musiciens, au premier rang desquels Jason Berrent, Theresa Bailey, Chris Bailey, Elodi Dufuo et Alexi Shirin, prirent la tête d'un mouvement de protestation et décidèrent de démissionner en raison d'un conflit avec la hiérarchie portant sur les salaires et les conditions de travail. Même si, en rompant ainsi leur contrat, ils risquaient de subir des retombées au niveau légal, cela ne suffit pas à les dissuader de s'en aller.

« Les dirigeants du Cirque du Soleil peuvent se montrer très durs, explique un des interprètes. Ils ne laissent rien se mettre en travers de leur chemin. Guy Laliberté n'a jamais été accusé de surpayer qui que ce soit, excepté lui-même. Ce qui ne me pose d'ailleurs aucun problème, mais il se doit de fournir un meilleur environnement de travail à ses artistes, sinon il se retrouvera avec plein de gens mécontents sur les bras. Ce qui s'est produit au cours de la tournée de *Kooza* était inadmissible. C'était insupportable et inhumain. C'est pour ça que nous avons démissionné. Nous en avions assez d'être traités sans le moindre respect et de n'avoir aucun droit. »

À l'époque, un proche des artistes rédigea des commentaires en ligne au sujet de ce qui s'était produit lors de la tournée de *Kooza*, rapportant que presque la totalité de la distribution avait envisagé de démissionner. « En tant que personne proche des interprètes qui démissionnent, je tiens à vous préciser qu'ils partent parce qu'ils sont tous malheureux. La distribution originale de *Kooza* se compose de beaucoup d'artistes et de musiciens extrêmement doués, qui connaissent leur valeur et sont habitués à un certain type de traitement. Mais apparemment, les personnes en charge de la direction du spectacle ne sont pas toutes expérimentées et ne traitent pas toujours les artistes comme il faut. »

Laliberté ne nie pas qu'il y ait régulièrement eu des vagues de protestation de la part du personnel. Cependant, il précise qu'il a été lui-même un interprète jusqu'en 1987, et qu'il peut donc comprendre mieux que quiconque que c'est parfois épuisant de travailler pour le Cirque. Mais, de façon convaincante, il ajoute que le fait d'appartenir à sa troupe donne des avantages et des opportunités incroyables que l'on ne peut trouver dans aucune autre compagnie.

« C'est un métier que vous ne pouvez pas faire si vous n'êtes pas passionné et que vous n'y trouvez aucun plaisir, expliquait-il au magazine *Maclean*. Être un interprète de cirque, ça doit être une vocation. C'est un travail de fou... Regardez les Russes, par exemple, qui font des triples sauts dans les airs, ils courent à chaque fois le risque de se rompre le cou. Pourtant, cinq minutes avant d'entrer en scène, ils fument une cigarette, et le lendemain, ils vident la moitié d'une bouteille de vodka. Il y a des conflits et des dépressions. Un jour, nous avions un clown qui était arrivé complètement déprimé. Imaginez ! Le type est censé faire rire les gens, mais au lieu de ça, il pleure pendant vingt heures d'affilée. Que voulez-vous faire ? »

Beaucoup d'interprètes qui ont travaillé pour Laliberté le soutiennent. « Si vous rejoignez le Cirque et que vous jalousez l'argent que Guy gagne, alors il vaut mieux partir immédiatement », dit "Alex", un ancien clown. « Guy gère une entreprise et a pris énormément de risques tout au long de sa carrière. Comme tout patron, il est en droit de gagner autant d'argent que possible. Bien sûr, il exige de ses interprètes qu'ils travaillent dur, mais c'est dans l'intérêt de tous. À un tel niveau, vous ne pouvez pas exécuter votre numéro si vous ne vous êtes pas préparé à fond. C'est impossible ! Les artistes qui se plaignent devraient se réveiller. Sans Guy Laliberté, ils seraient aujourd'hui confinés derrière un bureau à faire un travail ennuyeux. Il a créé tant d'opportunités, non seulement pour les interprètes du Québec, mais aussi pour les interprètes du monde entier. »

Laliberté a néanmoins eu son lot de poursuites de la part de certains de ses employés. Il s'est alors reposé sur son équipe d'avocats pour tenter de limiter les dégâts. Dans la plupart des cas, sa réponse a été de traîner ses adversaires en justice, avant de négocier un arrangement avec eux pour éviter toute humiliation publique et que la réputation du Cirque ne soit entachée. Tel a été le scénario, par exemple, dans l'affaire Matthew Cusick.

Le gymnaste intégra le Cirque en 2002 pour rejoindre la distribution de *Mystère*. Alors que le spectacle n'en était encore qu'au stade des répétitions, il informa deux médecins du Cirque qu'il était séropositif depuis dix ans. Après des examens physiques approfondis, on l'autorisa à reprendre le travail. Mais en avril 2003, Cusick fut informé qu'il était mis à pied. Les autorités du Cirque lui expliquèrent qu'il était « un risque connu pour la sécurité », qu'en raison du VIH, il représentait une menace pour les autres interprètes du Cirque, pour l'équipe au complet et même pour le public. Après une discussion d'une heure, il fut invité à remettre son badge d'identification et à quitter les lieux. Cusick ne baissa pas les bras. Il fit appel aux services de Lambda Legal, la plus ancienne et la plus grande organisation de défense des droits des homosexuels et des personnes porteuses du VIH/SIDA en Amérique du Nord.

Cusick affirmait que son licenciement constituait un acte hautement discriminatoire et qu'il violait le « Americans with Disabilities Act » de 1990, interdisant toute discrimination fondée sur le handicap. Laliberté et son équipe d'avocats décidèrent de riposter vigoureusement à l'action de Cusick. « Dans le cas de Cusick, il a essayé de le discréditer en demandant à l'attachée de presse d'affirmer dans un communiqué que sa séropositivité pouvait être dangereuse pour les autres artistes. Ça a été très mal perçu. Leur plan s'est complètement retourné contre eux et la crédibilité du Cirque a été menacée. Avant que la situation ne devienne encore plus incontrôlable, Guy a dû faire des excuses à Cusick. »

Le 22 avril 2004, après conclusion d'une entente à l'amiable, le Cirque du Soleil dut verser à Cusick la somme de six cent mille dollars. Dans l'accord, la compagnie s'engageait également à revoir son attitude envers les postulants séropositifs et à soumettre ses employés à un programme de formation contre la discrimination. Jusqu'à aujourd'hui, la position de la hiérarchie reste que le licenciement de Cusick était strictement dicté par un impératif de sécurité, et ne relevait aucunement d'un acte discriminatoire.

« La pression était forte sur le Cirque du Soleil pendant l'affaire Cusick, confesse un ancien dirigeant. Mais Guy n'était certainement pas contre les personnes séropositives. En fait, il avait même déjà embauché beaucoup de gens atteints du SIDA par le passé. Ce qui s'est produit dans ce cas précis, c'est que le Cirque a fait une grave erreur en mettant à pied Cusick sans aucune justification appropriée. Guy n'a eu d'autre choix que de soutenir son équipe et de combattre son ancien employé. Il ne prend pas les choses à la légère quand on essaie de le poursuivre. Ça peut se comprendre, non ? Il doit protéger l'empire qu'il a bâti à la sueur de son front. Je pense que Guy savait bien, au fond de lui, que le Cirque avait mal agi dans cette histoire. C'est pour ça qu'il a décidé d'opter pour une entente à l'amiable. Il a été accusé de bien des choses dans sa vie, mais je peux vous assurer qu'il a toujours été extrêmement compatissant envers les gens porteurs du VIH. Pendant les années 1980 et 1990, plusieurs de ses amis sont morts du SIDA. La dernière chose qu'il ferait intentionnellement, c'est de discriminer quelqu'un touché par le virus. »

En décembre 2007, l'acrobate Olga Verchinina intenta une action contre le Cirque au sujet d'une chute qui lui avait fracturé le dos, le pelvis et les orteils. Lors d'une répétition du spectacle *Zumanity*, la jeune femme, ainsi qu'un autre acrobate, était tombée de presque dix mètres de haut. Cet accident avait mis fin à sa carrière. Dans le cadre de la poursuite, elle affirmait que les blessures qu'elle avait subies étaient dues aux pratiques dangereuses qui régnaient au sein du Cirque.

Karen Tranor, une infirmière qui était dans l'assistance au moment de l'accident, raconta par la suite que l'équipe médicale présente sur le site s'était révélée totalement incompétente. « Les plus gros problèmes que j'ai rencontrés, ça a été le temps de réaction et les techniques utilisées. Lorsqu'ils ont placé l'homme sur la planche dorsale, ils ont fait ce qu'il fallait, ils l'ont roulé. Mais pour la femme, ils l'ont soulevée ! »

Les représentants du Cirque se mirent aussitôt sur la défensive et clamèrent haut et fort que les conditions de sécurité avaient toujours été scrupuleusement respectées. « La compagnie a des antécédents excellents en la matière », dit Anita Nelving, porte-parole du Cirque. « Il est évidemment malheureux que cela se soit produit. Nous sommes conscients que chaque type de numéros comporte des risques. Mais c'est notre rôle, en tant que cirque, de les réduire au maximum, et nous prenons cette tâche très au sérieux. »

Laliberté a souvent insisté sur le fait que le Cirque dispose d'une équipe médicale complète prête à agir en cas de blessure ou d'accident. Depuis la création de l'entreprise, il a également rappelé à plusieurs reprises qu'en dépit de toutes les mesures de sécurité qui pouvaient être adoptées, les incidents étaient inévitables.

« Tous ceux qui croient que le fait de rejoindre le Cirque ne comporte aucun risque pour la santé ne devraient pas postuler, dit le journaliste Esmond Choucke. Il est stupide de croire qu'aucun accident n'est susceptible de se produire lorsqu'on exécute des acrobaties ou des cascades. C'est comme si un joueur de hockey de la NHL décidait de poursuivre son équipe parce qu'il a été blessé. Ils savent tous très bien dans quoi ils s'embarquent lorsqu'ils se font embaucher, et théoriquement, les contrats qu'ils signent écartent toute possibilité de poursuite. Quiconque accuse Guy ou le Cirque pour une blessure est dans l'erreur. Il y a des choses que l'on ne peut pas empêcher. C'est pour ça que le Cirque verse chaque année des millions à sa compagnie d'assurance pour qu'elle règle de tels incidents. »

En dépit des nombreuses critiques sur les conditions de travail drastiques des employés du Cirque, Laliberté n'a de cesse d'aider les gens les plus démunis. Ses fréquentes conversations avec le chanteur Bono ont incontestablement contribué à le faire passer à l'action. Laliberté, peut-être l'ancien sans-abri le plus riche du monde puisqu'il avait été un itinérant lorsqu'à l'adolescence il jouait de la musique à travers l'Europe, a donné des millions aux organismes d'aide aux sans domicile fixe par l'intermédiaire du Cirque. Tout comme Bono, il s'est assigné pour mission d'aider à éradiquer la pauvreté. Il a reçu de nombreuses récompenses pour sa générosité, y compris le Prix d'action humanitaire 2007 pour son combat en faveur de la généralisation de l'accès à l'eau potable. Le 29 octobre 2007, devant une large audience comprenant le Prince Albert de Monaco et Jeremy Hobbs, le directeur exécutif d'Oxfam International, Laliberté s'est engagé à verser cent millions de dollars à sa fondation One Drop au cours des vingt-cinq prochaines années afin de financer des projets de reconstruction de puits et ainsi favoriser un meilleur accès à l'eau potable dans les pays défavorisés. Le président du Groupe Financier Banque Royale, également présent dans la salle, a annoncé que sa compagnie donnerait dix millions de dollars à la nouvelle fondation.

Sur le site Web de One Drop, onedrop.org, Laliberté détaille son ambitieux programme. « Toutes les huit secondes, un enfant meurt de ne pas avoir accès à l'eau potable. N'est-ce pas une raison suffisante d'agir ? Pendant des années, j'ai parcouru la planète comme amuseur public. Vivre d'un métier de la rue m'a permis de constater la pauvreté et la détresse de milliers d'hommes, de femmes et d'enfants. Un peu naïvement, sans doute, je me suis dit que le monde serait plus beau si ses six milliards d'habitants portaient des nez de clown… Ce rêve est devenu le Cirque du Soleil. »

Quand j'étais ami avec Rizia Moreira, elle m'a confié qu'elle avait vu le testament de Laliberté. D'après elle, il voulait absolument s'assurer que sa fortune soit redistribuée à de bonnes causes, léguant un tiers à ses enfants, un autre tiers au développement du Cirque du Soleil et le reste à un organisme de charité de son choix.

« Guy veut continuer à aider les gens même après sa mort, m'a-t-elle dit. Malgré toutes nos disputes, je le respecte parce qu'il a du cœur, peut-être pas à mon égard, mais incontestablement envers les plus pauvres. »

ÉPILOGUE

La vie de Guy Laliberté, aussi fabuleuse soit-elle, reste semée d'embûches, tant sur le plan professionnel que personnel. Elle est d'ailleurs à nouveau perturbée par une mésaventure amoureuse, confirmée par les amis du fondateur du Cirque du Soleil et les proches de sa petite amie, le mannequin Claudia Barilla. Il semblerait que Mme Barilla, tout comme la Brésilienne Rizia Moreira avant elle, ne tolère plus le refus obstiné de Guy de se marier. Selon une amie intime, Claudia a lancé un ultimatum à son conjoint : « Elle lui demande de l'épouser pour le bien de leurs deux enfants, sans quoi elle n'hésitera pas à le quitter. Claudia et Guy ont des problèmes et ils essayent de les régler... ». Cette source poursuit en affirmant que Claudia Barilla n'est certainement pas une victime innocente. « Tout comme Rizia, elle a de toute évidence ses propres démons à maîtriser. Guy lui a offert tout ce dont elle pouvait rêver mais ça ne semble pas être encore assez. S'ils se séparaient, il en coûterait sûrement des millions à Guy. »

Au même moment, il semblerait que le Cirque du Soleil subisse son tout premier échec, l'année même de son 25ème anniversaire. À la fin de l'année 2008, Laliberté s'était aventuré sur un territoire encore inexploré par le Cirque en signant avec l'illusionniste Criss Angel pour présenter un spectacle permanent à l'hôtel Louxor de Las Vegas. *Believe*, véritable fusion entre l'univers circassien et la magie d'Angel, a été férocement attaqué par la critique dès les premières représentations, et le public ne semble pas y trouver son compte. Selon le *Las Vegas Review*, certains fans se sont déplacés de Londres pour assister au show et ils n'en sont pas du tout ressortis impressionnés. « D'un point de vue créatif, écrit le journal, le spectacle est probablement un gaspillage de temps irrécupérable et un cul-de-sac qui a littéralement ennuyé l'auditoire jusqu'à l'endormir ». En avril dernier, le populaire blogueur américain Perez Hilton a également assisté au spectacle, au cours duquel il a publié ses impressions via la plateforme de microblogue Twitter. Il a exprimé sa déception en temps réel à ses lecteurs, affirmant que *Believe* était « incroyablement mauvais », et qu'il préférerait passer à la roulette chez le dentiste plutôt que d'avoir à endurer cela. Criss Angel l'a repéré dans la salle et lui a demandé de se lever. Il l'a alors insulté depuis la scène, le traitant de « trou de cul » et de « sac à merde ». Le Cirque a été obligé de présenter ses excuses officielles à Hilton et à l'ensemble du public présent ce soir-là pour le comportement déplacé d'Angel. Si l'on en croit les médias, ce ne serait plus qu'une question de temps avant que le show ne soit définitivement annulé, les places étant déjà vendues au rabais.

Pour autant, Laliberté ne se laisse pas abattre, bien au contraire. Au début de l'année 2009, alors que le monde s'enfonçait dans une grave récession, le Cirque prévoyait de présenter dix-neuf spectacles en tournée et planifiait même d'accroître ses activités.

Laliberté a su éviter la crise économique en l'anticipant, montrant une nouvelle fois son extraordinaire capacité d'adaptation. Sa manière peu conventionnelle de faire des affaires, qui s'est toujours révélée extrêmement efficace, lui a permis de passer entre les mailles du filet.

En 2001, Guy avait racheté les parts de son associé et ami de toujours, Daniel Gauthier, pour une somme qui aurait atteint les huit cent millions de dollars. Après avoir aidé le Cirque à devenir l'un des plus grands empires du monde du divertissement aux côtés de Disney et de Merlin Entertainments – l'entreprise britannique qui gère Madame Tussauds et le London Eye –, Gauthier avait décidé qu'il était temps de passer à autre chose. Son départ avait permis à Laliberté de devenir l'heureux détenteur de 98% des parts du Cirque.

Pendant des années, Laliberté s'était montré réticent à l'idée de vendre, en dépit des nombreuses offres alléchantes qui lui avaient été adressées. Finalement, en août 2008, il se lança à la recherche de financements additionnels afin d'engager le Cirque dans une stratégie de croissance plus agressive. À cette période, les spectacles du Cirque attiraient dix millions de spectateurs par an sur les cinq continents, pour une recette de près d'un milliard de dollars. La compagnie possédait six lieux de représentation permanents : quatre à Las Vegas, un à Tokyo et un autre qui allait bientôt ouvrir ses portes à Dubaï, petit émirat du Golfe persique s'imposant progressivement comme un nouveau centre d'affaires mondial.

Laliberté vendit 20 % des actions du Cirque du Soleil pour un montant d'environ quatre cent millions de dollars à deux firmes de Dubaï World : le promoteur immobilier Nakheel, constructeur des îles artificielles en forme de palmier au large de Dubaï, et la société d'investissement Istithmar World Capital. Nakheel et le Cirque décidèrent de construire un théâtre sur l'île de Palm Jumeirah. Ce complexe dernier cri, d'une capacité de mille huit cents places, devrait ouvrir ses portes à l'été 2011.

L'entente du Cirque avec Dubaï World fut conçue de façon à ce que Laliberté puisse conserver le contrôle plein et entier de son entreprise. « Avec ce partenariat, mon équipe de direction et moi-même sommes gagnants sur tous les tableaux, s'était-il félicité après l'officialisation de la vente. Nous restons maîtres du volet créatif tout en accélérant notre croissance en développant des projets partout dans le monde. »

Laliberté s'était décidé à sauter le pas après avoir appris que Dubaï prévoyait d'injecter plus de trois cent cinquante milliards de dollars dans des projets de divertissement au cours des douze prochaines années. Il s'y était rendu à plusieurs reprises à bord de son luxueux jet privé sur lequel il avait fait peindre une énorme crème glacée recouverte de chocolat fondu. En 2007, *Quidam* avait été présenté durant un mois dans cette ville des Émirats arabes unis et avait obtenu un succès phénoménal, attirant plus de cent mille spectateurs.

« Guy n'est pas du genre à écrire dix pages de notes et d'analyses », confiait Jacques Renaud, un dirigeant de longue date du Cirque, au journaliste Benoît Aubin dans le magazine *MacLeans*. « Ses diagnostics sont spontanés, instinctifs, intuitifs et visionnaires. Il vise toujours juste. »

Au fil des années, de nombreux investisseurs avaient proposé à Laliberté de racheter l'intégralité de sa compagnie et s'étaient vus opposer un refus, selon le président et directeur général du Cirque du Soleil, Daniel Lamarre. « Bon nombre d'entre eux ont été très surpris, indiqua-t-il à Tony Wong du *Toronto Star*. Mais d'autres savaient que Guy ne vendrait jamais. Il avait toujours refusé par le passé. »

Lamarre admet que l'offre de Dubaï a immédiatement suscité l'intérêt de l'équipe dirigeante du Cirque. « Nakheel a su nous allécher, reconnaît-il. Plus nous discutions, plus nous réalisions que cette affaire avait un grand potentiel. Nous n'avons pas vu beaucoup d'organisations faire affaire avec un géant comme Dubaï et, au bout du compte, conserver 80% de la société. Aujourd'hui, le Cirque est toujours canadien. »

Ainsi, alors que pour le monde entier, l'année 2009 se place sous le signe de la morosité économique, la solide compagnie québécoise de Laliberté continue son formidable essor et célèbre son vingt-cinquième anniversaire dans la joie et la bonne humeur. Le 23 avril dernier, elle a lancé au Vieux-Port de Montréal son nouveau spectacle, *OVO*, vingt-cinquième création du Cirque depuis sa naissance le 16 juin 1984.

Quelques mois avant l'avant-première d'*OVO*, Laliberté avait annoncé que ce spectacle serait profondément différent de tout ce que le Cirque avait produit par le passé et qu'il serait axé sur le thème des insectes et de leur place dans l'écosystème.

« Vingt-cinq ans [après la création du Cirque], le rêve continue », déclara-t-il en février dernier lors d'une conférence de presse organisée au siège de Montréal pour lancer les festivités du vingt-cinquième anniversaire du Cirque du Soleil. Il expliqua toutefois qu'au regard du contexte économique mondial, « faire des célébrations extravagantes aurait été inapproprié ». Par conséquent, les vingt-cinq ans de la compagnie seraient fêtés « avec sobriété et humilité » à travers une série de petits événements : le lancement de deux nouveaux spectacles, l'un à Montréal, *OVO*, et l'autre à Las Vegas, en hommage à Elvis Presley ; la publication d'un livre sur les costumes du Cirque du Soleil ; la sortie d'une compilation des meilleures musiques du Cirque ; et enfin, un spectaculaire feux d'artifice de quarante-cinq minutes en hommage au Cirque lors de la soirée de clôture de l'International des Feux à Montréal.

À la question de savoir comment le Cirque faisait face à la crise économique, Laliberté se montra rassurant : « L'an dernier, nous avons accompli nos objectifs financiers, et au mois de janvier, nos prévisions se sont réalisées. Nous espérons que nous serons assez forts pour passer au travers de la crise. »

Laliberté ne cacha pas à l'auditoire que même si les plans d'expansion n'allaient pas ralentir, le Cirque comptait plus que jamais chaque dollar dépensé. Par exemple, il raconta qu'à Noël, il avait offert aux artistes du spectacle *ZAIA* un sac à main fait à partir de la toile cirée d'un ancien chapiteau. Confectionnés avec du matériel recyclé, ces sacs constituaient un beau cadeau en période de récession et, de plus, s'inscrivaient parfaitement dans l'engagement de la compagnie en faveur du respect de l'environnement.

En avril 2009, Laliberté déclara au *New York Times* que bien que les ventes de ses six shows permanents à Las Vegas aient diminué de 7 %, les recettes des spectacles en tournée avaient, elles, augmenté dans la même proportion. « Nous avons connu trois récessions dans l'histoire du Cirque. Chaque fois, ça a été des périodes de croissance pour nous. Mais nous ne sommes pas à l'abri parce qu'il y a une vraie crise de peur à Las Vegas. Nos partenaires sont terriblement endettés. »

Alors que plusieurs entrepreneurs ont littéralement vu leur richesse s'évaporer entre 2008 et 2009, la fortune de Laliberté s'est, elle, envolée de 47 % pour atteindre 2,5 milliards de dollars, selon le magazine *Forbes*. Trois cent soixante-treize milliardaires qui se trouvaient sur la liste des mille cent vingt-cinq hommes les plus riches du monde ont perdu leur place en 2009, ce qui correspond à la baisse la plus importante depuis 2003. Le secteur de Wall Street a été le plus durement frappé, notamment l'ancien PDG du géant de l'assurance AIG, Maurice "Hank" Greenberg, qui a vu son empire de 1,9 milliards de dollars lui être ravi après avoir été tiré d'affaire par le gouvernement des États-Unis.

Laliberté compte parmi les quarante-quatre milliardaires dont la fortune a augmenté en 2008, tandis que six cent cinquante-cinq autres ont perdu de l'argent. En 2009, il se classe au 261ème rang sur la liste de *Forbes*, publiée en mars. L'année précédente, Laliberté était au 707ème rang, ce qui signifie qu'en moins d'un an, il a gravi quatre cent quarante-six places. Une véritable prouesse ! S'il n'est pas un grand joueur de poker, il a incontestablement démontré une grande clairvoyance en prenant le risque de vendre 20 % des actions du Cirque quelques mois seulement avant que Wall Street ne s'écroule.

« Beaucoup de gens qui sont sur la liste cette année ont vendu des parts de leurs entreprises il y a un peu plus d'un an, alors que l'économie se portait pour le mieux », indique le président de Forbes, Steve Forbes. « Oui, il faut de la chance. Mais ce serait une erreur de croire que l'on peut toujours créer sa propre chance. Ça s'appelle de l'orgueil démesuré. »

Au Canada, seuls vingt des vingt-cinq milliardaires mentionnés sur la liste en 2008 ont pu y rester en 2009. Les barons de l'édition de la famille Thomson se sont classés premiers avec une fortune de treize milliards de dollars, en baisse par rapport aux 18,9 milliards de l'année précédente. Le PDG montréalais de Power Corporation, Paul Desmarais, âgé de 82 ans, s'est classé au cinquième rang après que sa fortune ait fondu à 2,6 milliards de dollars, alors que Laliberté l'a dépassé pour sauter à la quatrième place. Le fondateur du Cirque du Soleil est, de loin, le plus jeune des six milliardaires du Québec.

« C'est dans mon tempérament de prendre des risques, mais jamais au point de mettre ce que j'ai bâti en danger », affirme Laliberté. Le Cirque est incontestablement l'une des seules compagnies à se tirer de la tempête économique mondiale sans trop d'égratignures.

À la différence de presque toutes les autres grandes entreprises qui licencient dans des proportions alarmantes, le Cirque du Soleil se montre résolu à protéger les postes de ses quatre mille deux cents employés à travers le monde. « Nous ne sommes pas dupes, naïfs ou innocents, dit Lamarre. Protéger le gagne-pain des milliers de familles qui contribuent inlassablement à notre succès est l'une de nos valeurs les plus sûres. »

Laliberté a décidé d'attaquer la récession de front. Dans plusieurs endroits durement frappés par la crise où le Cirque présente des spectacles, il a décidé de baisser le prix des billets de 20 %, permettant ainsi d'attirer des clients qui ne peuvent pas se permettre d'assister à un show de la troupe habituellement. Au début du mois de mars 2009, par exemple, les habitants de la Floride ont pu bénéficier d'un rabais sur les sièges classés en « catégorie 2 » pour le spectacle *La Nouba*, le billet passant ainsi à 64 $ par personne au lieu de 84 $ en temps normal.

« Si Guy a autant de succès, c'est parce qu'il reste toujours maître de la situation et ne se montre jamais trop sûr de lui, estime un ancien dirigeant du Cirque. C'est un perfectionniste qui aime être bien informé. Sa plus grande qualité, c'est de toujours être en mesure de retourner les choses à son avantage, quelle que soit la situation. Très peu de gens arrivent à faire ça aujourd'hui. »

Laliberté ne fait pas mystère de ses ambitions pour l'avenir. Il a souvent dit qu'un jour, il aimerait voyager dans l'espace. Il souhaite également accroître sa contribution à des causes charitables à travers le monde. Malgré vingt-cinq années passées à la tête du Cirque, ses rêves n'ont pas beaucoup changé depuis l'époque où il a débuté à Baie-Saint-Paul avec sa bande d'amis interprètes de rue.

Alors que le monde continue d'acclamer le génie de Laliberté et l'attrait non démenti du public pour le Cirque, Guy ne cesse de multiplier ses activités, investissant dans d'autres domaines tels que les boîtes de nuit, les restaurants et sa fondation One Drop.

On se souviendra de lui comme l'un des hommes les plus innovants de l'univers circassien. « Chaque cirque que j'ai pu observer à travers le monde s'inspire dans une certaine mesure du Cirque du Soleil », note Ernest Albrecht, auteur du livre *The New American Circus*.

« Nous n'avons pas réinventé le cirque, affirme Laliberté. Nous lui avons juste donné un emballage plus moderne... Les arts du cirque sont tellement enracinés dans chaque époque que je ne pense pas qu'ils aient atteint leur maturité. Je pense que le cirque a besoin d'être dépoussiéré tous les vingt ans, ou presque. »

Laliberté demeure un rêveur invétéré. Il soutient que son Cirque n'en est encore qu'au début de sa longue ascension vers le sommet. Cependant, il y a de vieux rêves enfouis en lui qui refont surface. En guise d'hommage à ses millions de fans, toute personne qui assistera à l'un des spectacles du Cirque le jour de son anniversaire, le 16 juin 2009, recevra un nez de clown à porter pendant la représentation. Quand Laliberté a lancé le Cirque, son souhait était que chaque individu sur la planète se décrispe et ne se prenne pas trop au sérieux. Il a répété à plusieurs reprises que tout le monde devrait porter un nez rouge, au moins pendant une seconde.

« Je savais que je pourrais vivre mon rêve de voyager, de divertir et de m'amuser, confie-t-il au *Hollywood Reporter*. Je suis béni pour ce que j'ai, mais j'y ai cru depuis le début. Aujourd'hui, j'ai toujours le même rêve : je veux toujours voyager, je veux toujours divertir, et plus que tout, je veux toujours m'amuser. »

POST SCRIPTUM

Quelques jours avant que Transit envoie la première édition de ce livre à l'imprimerie, une ex-prostituée de luxe m'a contacté pour me raconter les détails de ses liaisons avec Guy Laliberté. Natalie McLennan, une jeune femme originaire de Montréal, avait déjà fait la couverture de l'édition de juillet 2005 du *New York Magazine* qui titrait : « L'escorte n°1 de New York raconte tout ». McLennan, magnifique brune qui avait plus l'air d'une top-modèle que d'une prostituée, était effectivement reconnue comme l'escorte ayant les tarifs les plus onéreux de Manhattan, exigeant deux mille dollars pour une heure de son temps. Elle était mariée avec son proxénète, le fameux Jason Itzler, et de nombreuses célébrités avaient eu recours à ses services ; acteurs, quarts-arrières de la NFL et autres politiciens en vue. En 2008, McLennan s'est retrouvée au cœur d'une tempête médiatique. Elle a même été invitée et interviewée dans l'émission « Larry King Live » sur CNN lorsqu'on a appris que c'était elle qui avait enseigné les rouages de la profession à Ashley Dupre, la jeune prostituée de 19 ans qui avait eu de nombreuses liaisons avec Eliott Spitzer, le gouverneur de l'État de New York, causant sa chute du pouvoir. McLennan lui avait montré les trucs du métier alors qu'elle travaillait pour la célèbre agence d'escortes new yorkaise New York Confidential.

Le 28 mai 2009, Natalie McLennan m'a écrit le courriel suivant : « Merde, Ian, t'aurais pu m'interviewer pour ton livre sur Guy Laliberté, j'ai d'excellentes histoires pour toi... circa NYC 2002-2005. XO, Natalie ».

J'ai répondu à McLennan et lui ai demandé de me décrire ce qu'elle avait vécu avec Laliberté. Elle a accepté. Le texte que j'ai reçu quelques jours plus tard contenait de nouvelles révélations. La jeune femme, qui avait déjà écrit un livre, The Price, dans lequel elle raconte sa vie en tant qu'escorte, n'était pas avare en détails :

Ma Première rencontre intime avec Guy Laliberté à New York, en mars 2002.

C'était avant que je ne devienne escorte, mais j'étais déjà une habituée des fêtes new-yorkaises. New York était encore sous le choc du 11 septembre, et la faune festive (moi y compris) se déchaînait de plus belle. Rien ne se compare à une célébration de fin du monde ! Je vivais alors avec une légende new-yorkaise – en simples amis, bien entendu. Appelons-le A pour faire court. Il avait un loft au 111, Reade Street, entre les rues Church et Broadway. Cet espace aux plafonds démesurés et aux meubles exotiques importés de Thaïlande et du Moyen-Orient était le lieu de passage des mannequins, photographes, trafiquants de drogue et autres noctambules. En cherchant pendant des mois à trouver le chemin des studios de cinéma, je n'avais finalement trouvé que celui du lit des producteurs. Les auditions se faisaient de plus en plus rares, et les fêtes de plus en plus nombreuses. Au début du printemps, lors de l'une des premières nuits tièdes de la saison, j'ai finalement rencontré Guy Laliberté. J'avais devant moi une véritable légende. Ayant grandi à Montréal, j'avais entendu un nombre incroyable d'histoires à son sujet. Les parties qu'il organisait chaque année lors du Grand Prix étaient connues pour les grands bols d'ecstasy qui y circulaient et pour les célébrités qui y venaient en provenance des quatre coins du globe, tout particulièrement de Hollywood.

Mon ami A organisait chez lui les plus belles fêtes de fin de soirée et, après quelques semaines, je connaissais tout le monde. Ce vendredi-là, la nuit n'était pas encore tombée que le loft bourdonnait déjà d'une animation fébrile. A vint me réveiller alors que je faisais un petit somme dans son lit. « Chérie, il faut que tu t'habilles. Nous sortons, ce soir. » Je restai sans réaction. « Où ? », demandai-je enfin. Je n'avais pas dormi depuis des semaines, et je manquais d'inspiration. A lâcha enfin : « Guy est en ville. On va s'occuper de lui ». C'est comme ça que ça marche chez les fêtards de New York. Les New-Yorkais de souche ou d'adoption occupent le terrain 365 jours par an, maintiennent l'activité des clubs et garantissent une ambiance cool. Et, presque chaque soir, quelqu'un arrive en ville. Acteur, rock star ou altesse royale, ces visiteurs méritent un accueil de premier rang. A était arrivé de Los Angeles avec une bande d'amis, de l'argent plein les poches, et une passion

commune : faire la fête. Tout y passait, de la coke à l'ecstasy, en passant par le GHB, le «
Special K » et la plus extrême des drogues festives : le crack. J'ouvris grand les yeux.
J'étais enfin admise dans le cercle des initiés. Adoptée par l'élite. A m'attendait déjà
devant la garde-robe walk-in, passant en revue les nombreuses robes chics et autres
tenues de designers laissées là par son ex, une mannequin vedette. Cette magnifique
blonde s'était fait connaître comme mannequin chez Versace, avant d'être renvoyée
chez elle sous le prétexte d'une consommation excessive de drogues et de supposés
troubles alimentaires. Par une amusante coïncidence, elle venait aussi de Montréal.
Malheureusement pour ma condition de fêtarde, tous ses vêtements étaient trop grands
pour moi. Je pesais environ 41 kg et mesurais 1,63 m. Les vêtements étaient de taille
mannequin, ce qui signifiait que tout paraissait trop grand et trop long sur moi. Nous
avions fini par mettre la main sur un haut noir drapé presque assez long pour passer
pour une robe. Je fis un passage à la salle de bain pour prendre une douche express,
raser mes jambes et me maquiller un peu. A passa la tête dans l'encadrement de la
porte. « Shit, on aurait dû passer se faire bronzer! » J'étais si blanche... et sa peau de
Moyen-oriental paraissait presque aussi pâle que la mienne. « J'ai de l'auto-bronzant
», proposais-je. Il éclata de rire et me dit de me dépêcher. Nous devions retrouver
tout le monde pour le dîner vingt minutes plus tard, à l'Indochine, sur Lafayette. Je
me souvins soudain que j'étais sensée travailler au Veruka, le club de Noel Ashman,
ce soir-là. J'aurais été incapable de conserver tout autre emploi, à cause de ma vie
de noctambule, et j'avais besoin de cette soirée de travail par semaine que Tim, le
gérant, m'avait offerte par pitié. J'en parlai aussitôt à A. « Annule », me dit-il. J'hésitai
une seconde. Un revenu hebdomadaire pour me nourrir et faire la fête, ou une soirée
avec Guy Laliberté ? Je saisis le téléphone sans fil, composai le numéro de Tim et
lui laissai un message. Je ne pouvais pas venir travailler : j'étais malade, comme
d'habitude.

Nous arrivâmes tard à l'Indochine. Très tard. Nous avions été coincés sur Reade
Street, attendant le passage de notre revendeur de poudre. Avant de partir, nous
avions préparé quelques doses de crack et en avions consommé quelques-unes. Je n'en
avais pris que des petites, je ne voulais pas risquer d'être trop déphasée pour être
encore capable de tenir une conversation. A me confia un sachet de poudre à garder
dans mon sac pour la soirée. Il y avait une table pleine de gens. J'en connaissais
quelques-uns, des amis d'A et des habitués de nos débauches hebdomadaires. Les
autres m'étaient inconnus. Je voyais beaucoup de jeunes femmes qui ne faisaient pas
partie de notre cercle. Évidemment, ils avaient fini de manger (ou peut-être n'étaient-
ils pas là pour ça). Sur la table s'alignaient quelques bouteilles de Veuve, d'autres de
Grey Goose, et des cocktails. A nous servit à boire et, comme lui, je descendis mon

premier verre. Il nous resservit aussitôt. Et puis Guy arriva. Il était accompagné d'un type que je connaissais vaguement. La soirée prit son rythme. On me présenta Guy, qui m'embrassa sur les deux joues. Je restai à ses côtés, discutant occasionnellement avec lui. Je le trouvais souriant et de bonne humeur.

Nous poursuivîmes la soirée de l'autre côté de la rue, au Pangaea, le club de Michael Ault. Il était ouvert depuis moins d'un an et comptait déjà parmi les repères nocturnes les plus fréquentés et les plus distrayants. J'y avais postulé comme serveuse avant l'ouverture, mais j'avais finalement porté mon choix sur un autre club : le Luahn, de Stephen Baldwin. Michael Ault était là en personne, assis derrière la console du DJ, le long du mur de droite. Des bouteilles firent leur apparition sur notre table et je fus prise d'une irrésistible envie de danser sur la banquette, ce que je fis toute la soirée. Je n'avais même plus besoin de passer aux toilettes pour prendre mes lignes de coke : mes amis se versaient des petits tas de poudre sur le dos de la main et les passaient sans arrêt sous nos nez!

Nous étions seuls au monde dans notre bulle quand, vers deux heures du matin, je compris que nous allions encore changer de lieu. A me prit à part et me dit « Je rentre à la maison. Reste avec Guy, il veut que tu restes ». Il me fit un clin d'œil, attrapa le type qui était venu avec Guy et, devant moi, lui dit « Assure-toi de prendre bien soin d'elle ». Mon nouvel ami me tira par le bras, déposa un baiser sur ma tête, prit ma main et m'attira dans le taxi où Guy avait déjà pris place. Il y avait là une autre fille, une Russe blonde nommée Mischa. Nous avions dansé ensemble toute la soirée au Pangaea. Je demandai au chauffeur de régler sa radio sur le 103.5, et me mis à embrasser Mischa. Le reste de la course m'apparut comme un mélange indistinct de lignes de coke et de baise en groupe. Je faisais attention de n'avoir de réel échange qu'avec Guy, et pas avec son ami. J'avais en tête les paroles de A. Guy me voulait avec lui.

Arrivés au Float, sur la 52e rue, nous montâmes directement au troisième étage. Sur place, j'avais avalé une pilule, un genre d'ecstasy. Au moment de repartir, j'avais sur le nez des lunettes Gucci qui ne m'appartenaient pas. Guy prit ma main. J'attrapai celle de Mischa et nous redescendîmes les escaliers, tous les autres à notre suite.

J'étais dans un état de confusion avancé. Je savais que nous n'avions marché que quelques coins de rues pour nous rendre à l'hôtel de Guy, mais je n'avais aucune idée de quel hôtel c'était... Il avait une suite immense avec plusieurs salons, et une grande chambre fermée par des portes vitrées. Notre groupe commença à servir de l'alcool et des doses de coke. L'ami de Guy m'entraîna dans la chambre avec détermination, et ferma les portes derrière nous. Il ouvrit un sac en plastique rempli de coke, en détacha un gros morceau, et me demanda : « Est-ce que c'est suffisant ? Est-ce que c'est assez pour toi ? ». Je hochai la tête sans quitter le rocher des yeux. Il désigna la salle de bain : « Tu peux aller là, je m'assurerai que personne n'entre ». J'entrai, posai l'objet sur le bord du lavabo, en détachai un fragment que je réduisis en poudre avec ma carte d'identité canadienne. Je le reniflai à l'aide d'une petite paille que je gardais dans mon sac, retouchai mon maquillage, pris l'emballage de plastique de mon paquet de cigarettes et y rangeai le rocher. Et puis je figeai. Il pensait que j'allais cuisiner du crack pour ensuite le fumer. Wow, nos réputations de fêtards, à A et à moi, devaient être solides pour qu'il s'imagine que j'avais besoin de fumer. Mais au fond, ça ne me ressemblait pas tant que ça. Il fallait que j'en parle à A. Je n'avais pas à assumer cette image, à être cette fille. Cela dit, je devais considérer que mes nouveaux amis avaient du talent pour m'approvisionner en drogues.

Je sortis de la salle de bain et trouvai Guy au lit avec Mischa. Il souriait et m'invita à les rejoindre. Il était drôle. Toute cette situation était drôle. Il voulait que Mischa et moi passions à l'acte, et je la sentais un peu hésitante. Nous n'étions plus dans une boîte de nuit, ni dans un taxi, mais dans l'intimité d'un lit, elle paraissait plus timide. Nous n'en étions plus à l'étape du flirt, nos actes nous engageaient dans quelque chose de plus direct. Comme je n'étais pas gênée avec les filles, cela ne me dérangeait pas. Mes mains commençaient à descendre sur le corps de la jeune femme quand l'autre type entra dans la chambre en souriant et interpella Guy en français : « Tu es content, toi ? ». Guy éclata de rire. Son ami s'assit sur le lit et y resta quelques minutes, mais quand Guy passa à l'acte avec moi, il s'éclipsa discrètement et ferma les portes vitrées derrière lui.

L'écho de la musique provenant des autres pièces de la suite n'était plus qu'un vague bruit de fond. Nous n'étions plus que trois. Nous jouions. Nous riions. Nous avions enlevé tous nos vêtements. Guy était le Cirque du Soleil au lit, c'est ainsi que je me souviens de lui, celle nuit-là. Il me soulevait du lit, riait, enjoué comme un vrai compagnon de jeu. Pourtant, Mischa était encore réticente. Quand Guy enfila un préservatif et entreprit de la pénétrer, elle se laissa faire mais n'y prit visiblement aucun plaisir. De mon côté, sous l'emprise de l'ecstasy, je n'avais qu'une envie : être touchée par Guy. La présence de Mischa dans le lit ne faisait aucune différence.

Après plusieurs heures de baise, le sommeil vint nous prendre et, à mon réveil, l'atmosphère de la suite était beaucoup plus calme. J'enfilai le haut qui me servait de robe et ouvris les portes. Je vins m'asseoir à côté de mon ami Mauro, le gérant du ManRay. « Je ne savais pas que tu étais ici », me dit-il en souriant. Je gloussai et il me tendit un billet roulé. Je jetai un coup d'œil à la table où s'élevait une montagne de coke. Maintenant que j'étais réveillée, je voulais rentrer au loft de Reade Street. J'étais dans un lendemain d'orgie, et la plupart des gens qui restaient étaient des quasi-inconnus. J'avais envie d'aller retrouver A.

Je retournai dans la chambre. Guy ronflait légèrement (comme n'importe qui ayant consommé de la drogue), et je tâchai de récupérer mes chaussures et mon sac aussi discrètement que possible. Au fur et à mesure que je me préparais, je me sentais redevenir moi-même. J'empruntai 20 $ à Mauro pour rentrer chez moi. En quittant l'hôtel, je ne savais toujours pas vraiment où j'étais. Je n'avais pas tout à fait dessoûlé. Je pris un taxi qui ne mit que quelques minutes à me reconduire à destination. Au moins, nous étions samedi, et peu de gens m'avaient aperçue dans ma presque-robe du soir!

Je sonnai à la porte du loft et A descendit m'ouvrir. En remontant l'escalier derrière lui, j'étais certaine qu'il avait passé la nuit à fumer. Il y avait dans son attitude envers moi un mélange de lucidité, de gaité et de douceur. Il me demanda si je m'étais amusée et prépara un bong de crack, juste pour moi. Je hochai la tête et me mis à aspirer une grosse bouffée de fumée. Avant qu'il ne soit trop tard, je me souvins brusquement du rocher de coke qui m'attendait, au fond de mon sac. Je le sortis et le tendis à A en souriant. « J'ai l'impression que nous n'allons pas beaucoup dormir », dis-je, hilare. « As-tu noté son numéro ? », questionna A. Je ne saisissais pas le sens de sa question. Que voulait-il savoir ? Ah oui : si j'avais noté le numéro de Guy! A me regarda en secouant la tête : « Tu es incroyable. Je te présente un milliardaire et tu oublies de noter son numéro! ».

Rencontre moins intime avec Guy Laliberté à Las Vegas, au début de 2005.

Trois ans plus tard. Nous sommes au début de l'année 2005. Je suis au cœur de ma brève mais tumultueuse carrière d'escorte numéro un de New York. Je me suis récemment séparée de mon souteneur et petit ami Jason Itzler. Je jubile d'être enfin libre. Avec ma meilleure amie et coloc Jordan, j'ai décidé de célébrer mon 25e anniversaire d'un bout à l'autre du pays. Nous avons sniffé de nombreuses lignes de coke et voyagé aux quatre coins des États-Unis. On a commencé à New York, notre camp de base, puis on a pris des billets pour Las Vegas sous l'insistance d'Alex Martini, ami de longue date et véritable légende des nuits new-yorkaises. Nous avons ensuite poursuivi jusqu'à L.A. avant de finalement rentrer à New York. La célébration devait durer au moins deux mois pendant lesquels nous dormirions bien peu. C'était le moment de ma vie où j'avais vraiment, mais vraiment trop d'argent. Je le dépensai comme tout nouveau riche, c'est-à-dire très vite.

Alex insista pour que nous le rejoignions à Vegas pour l'ouverture du nouveau spectacle du Cirque de Guy : Ka. Il disait qu'une suite nous attendrait au MGM, et que nous aurions des billets pour le spectacle. Quelle meilleure façon de souligner mon anniversaire que de le célébrer avec Guy, le plus grand fêtard du monde ? J'avais déjà vu le spectacle en avant-première avec un client au début de janvier. Ça avait été mon premier voyage à Vegas. Nous avions logé au Bellagio. Le séjour avait été noyé dans le champagne et le caviar, puis couronné d'un chèque de vingt mille dollars.

Je dis à Alex de ne pas s'inquiéter s'il manquait de billets : je trouverais bien le moyen de m'occuper agréablement dans la suite. Jordan et moi n'avions pas fait les magasins depuis longtemps. Après tout, je n'avais pas vu Guy depuis plusieurs années et je voulais l'impressionner. Je me disais qu'il serait fier de voir une autre Montréalaise gagner comme lui des montagnes de dollars. Vu l'heure très avancée, après avoir réservé nos billets en ligne, il ne nous restait plus qu'à nous précipiter sur le site Adidas.com pour commander les survêtements violets que nous porterions dans l'avion.

Alex me dit que Guy logeait dans un palais à 30 000 $ par mois au MGM. Bon, j'étais encore loin de pouvoir m'en offrir autant, mais ne vivions-nous pas tous dans une grande illusion ?

Jordan et moi emportâmes nos plus belles Manolos avant de filer. Nous étions déjà allées rendre visite à notre revendeur, rue Delancey, et avions dressé notre plan de match pour le voyage. Avis aux cœurs sensibles : ce qui suit risque de vous secouer. Aucune de nous deux ne souhaitait être arrêtée à l'aéroport pour trois grammes et demi de coke. Cela dit, il n'était pas non plus question d'être à jeun. Alors, nous séparâmes le stock en deux petits paquets que nous enroulâmes dans un coin de tissu, puis que nous glissâmes dans un préservatif avant de le nouer. À la dernière minute, dans le taxi qui nous menait à l'aéroport, nous dissimulâmes nos trésors dans nos chattes. Une fois que nous eûmes franchi le contrôle de sécurité et attiré au passage l'attention de Kevin Bacon – qui avait sans doute craqué pour nos survêtements assortis et nos verres fumés Oliver Peoples –, nous entrâmes furtivement dans les toilettes pour récupérer nos petits paquets, que nous rangeâmes ensuite dans mon bagage à main. Arrivées à Vegas, nous sautâmes dans une limousine d'où nous avertîmes Alex de notre arrivée imminente. Il nous accueillit dans le hall en nous embrassant, puis nous fit monter à notre chambre. Apparemment, les plans avaient changé. Il nous avait réservé une chambre privée, mais nous assura que nous pourrions demeurer dans la suite si nous le souhaitions. Le mystère devait s'éclaircir quelques minutes plus tard. J'enfilai une robe et des talons hauts, puis nous nous dirigeâmes vers la suite. Une véritable partouze m'y attendait. Trois hommes se mirent à me tripoter partout avant même de connaître mon nom. Alex me prit à part dans la salle de bain et me glissa, avec son irrésistible accent italien : « Je suis désolé, chérie, ils ne partiront pas ».

Il m'embrassa sur la bouche, puis nous prîmes une ligne de coke, une autre de Spécial K, et tout fut pardonné. Alex était l'une des premières personnes que j'avais rencontrées à New York quelques années auparavant. Il avait toujours pris soin de moi, m'invitant dans les meilleures parties et me conseillant de dormir quand j'en avais besoin. Quand j'avais été malade, il était même venu me rendre visite à l'hôpital.

J'étais finalement très heureuse de partager ma chambre privée avec Jordan. J'avais toujours trouvé difficile de repousser des types répugnants.

Jordan était K.O. Quelque part entre l'aéroport JFK et les lumières du Strip de Vegas, elle fut prise d'une sorte de rhume et réclama une sieste. Alex et moi sautâmes le souper pour plutôt nous enfermer dans la salle de bain et plonger dans le spa. Nous parlâmes des fêtes d'autrefois. Avant que je ne sois devenue escorte, avant le 11 septembre, avant que les choses ne prennent une tournure aussi sérieuse. Je lui dis que j'avais un petit problème de consommation. J'aurais sans doute besoin d'une désintox, mais pour en arriver où ? Comme toujours, il me dit de ne pas m'inquiéter et nous nous envoyâmes une autre ligne.

Mais quand donc verrai-je Guy ? Nous nous habillâmes pour le spectacle et je tentai de réanimer Jordan une fois de plus. Elle dormait toujours. Son corps était chaud et moite. Lorsque nous arrivâmes à destination, Alex m'emmena saluer Guy. Tout sourire, il m'embrassa sur les deux joues. Nous prîmes nos places et Alex me demanda discrètement si je le connaissais. Je fis « non » de la tête. Je lui dis que je n'avais pas revu Guy depuis la nuit où nous avions fait la fête en 2002. « Elle est un peu possessive, mais j'imagine qu'il fallait s'y attendre, non ? », me glissa-t-il en me faisant un clin d'œil. « Je présume qu'ils n'ont pas une relation ouverte », répliquai-je en rigolant. Les lumières se tamisèrent et la spectacle commença. J'adore le Cirque du Soleil, mais Ka n'est pas mon show préféré. Beaucoup de systèmes hydrauliques et des décors impressionnants, mais pas la beauté artistique et les détails qui rendent leurs productions habituellement si envoûtantes. Nous regardâmes la première partie, puis retournâmes dans notre chambre pour nous détendre en prévision d'une longue nuit.

Comme prévu, Guy organisa une grande fête pour l'équipe du Cirque et tous ses amis. Mais l'événement ressemblait beaucoup plus à une danse d'école secondaire qu'à ce que nous avions en tête. Bien sûr, la musique était formidable : son ami DJ faisait des merveilles à toutes ses parties. Pourtant, je passai presque tout mon temps à tourner en rond. C'était tellement ennuyant que je décidai de me distraire en me faisant un petit défilé personnel : je me changeai une demi-douzaine de fois au cours de la nuit. Il se faisait tard, même pour les fêtards extrêmes que nous étions. Alex vint me rejoindre. Il paraissait aussi frustré que moi. Où était passée l'ambiance légendaire des fêtes du Grand Prix et la formidable débauche du Pangaea ? « Désolé, chérie. J'ignore ce qui se passe. Guy aurait dû nous inviter chez lui depuis un bon moment déjà. Attends-moi, je reviens tout de suite. » Lorsqu'il fut de retour, il me prit par la main et nous marchâmes pendant ce qui me parut une éternité. Je déteste me plaindre, mais c'était quand même supposé être ma fête d'anniversaire de Vegas. Je trébuchais sur le tapis dans mes talons hauts. À l'instar de Tara Reid, je commençais à ressembler à une saoûlarde droguée incapable de se tenir debout. En plus, ma meilleure amie était à moitié inconsciente et aucun hôte VIP n'avait été dépêché pour prendre soin de nous. En songeant à mon anniversaire, je me sentis soudain seule et triste. Nous traversâmes finalement une sorte de jardin intime. Alex frappa à une porte et nous entrâmes dans un véritable coin de paradis : le royaume de Guy.

Il n'y avait là que quelques personnes, mais je respirai déjà mieux. Le salon donnait sur une piscine. Je m'empressai de me déshabiller pour y plonger, reprenant peu à peu ma lucidité. Tout n'était pas perdu. Au moment où Guy et son quatuor de proches amis arrivèrent, un peu plus tard, je me prélassais toujours en string dans la piscine, aux côtés d'Alex en boxer italien. La compagne de Guy me lança un regard noir et je sus que la fête ne tournerait pas cette fois-ci en baise à trois, comme le soir où j'avais rencontré Guy et la fille russe.

La suite me donna raison. Ça ne m'empêcha toutefois pas de m'amuser. Après le coup d'œil assassin décoché par Madame, je remis ma robe, puis tout le monde porta un toast au champagne à ma santé. Au petit matin, je revins auprès de ma fiévreuse amie et passai la journée suivante à dormir. Nous avions hâte de nous envoyer en l'air à L.A. et à Malibu au cours des prochains jours.

Ce fut la dernière fois que je vis Guy. J'ignore s'il lut mon article The $2,000 an-Hour Woman qui fit la une du New York Magazine en juillet 2005 ou s'il sut que j'avais fini en prison. Néanmoins, je crois que si j'avais noté son numéro de téléphone, cette fameuse nuit où j'en avais eu l'occasion, je lui aurais peut-être demandé de venir payer ma caution. Et je pense qu'il l'aurait fait.

•••••

Quelques jours après la parution de mon livre sur Guy Laliberté, le milliardaire a organisé en catastrophe une conférence de presse pour annoncer qu'il deviendrait, en septembre 2009, le premier touriste de l'espace canadien pour fêter son cinquantième anniversaire. Lors de cet événement qui s'est tenu à Moscou, le fondateur du Cirque du Soleil a annoncé qu'il décollerait à bord d'une capsule Soyouz et que son vol lui coûterait environ trente cinq millions de dollars. Il a qualifié son aventure de « mission sociale poétique » qui permettrait d'accroître la visibilité de sa fondation One Drop et de sensibiliser le monde aux enjeux globaux directement liés à l'eau:

« On m'a présenté de différentes façon jusqu'à présent – cracheur de feu, entrepreneur, artiste, fêtard, lança Laliberté lors de cette conférence de presse pleine à craquer, mais que l'on me présente aujourd'hui comme un explorateur spatial privé est une sensation enviable et renversante. »

Selon Esmond Choueke, qui a suivi le Cirque du Soleil et la carrière de Guy Laliberté depuis ses débuts, le futur touriste de l'espace a convoqué la presse à la hâte parce qu'il était furieux que ses plans de voyage aient été révélés dans mon livre. « Lorsqu'il a lu le livre et le passage concernant son désir de s'envoler vers l'espace, il a grimpé au plafond, selon le journaliste qui a déjà obtenu une entrevue en tête à tête avec Laliberté. Il s'est senti menacé car il ne voulait pas se faire «scooper», alors il a ordonné à son équipe d'organiser cette conférence de presse avant que le livre ne commence à attirer l'attention des médias. »

Juste avant la publication, le magazine francophone L'Actualité, réputé sérieux, a publié un extrait dans son édition du 15 juin 2009. Laliberté et son équipe ont été pris par surprise. Par le passé, ils étaient toujours parvenus à dissuader les médias de publier des informations pouvant être jugées négatives, le plus souvent en procédant par intimidation. Mais cette fois-ci, ils ont été pris de court. La responsable des relations publiques du Cirque du Soleil, Renée-Claude Ménard, a affirmé aux journalistes qui ont réagi à la diffusion des premiers extraits que les supposées orgies et la consommation abusive de drogues de Laliberté étaient des « légendes urbaines ». Elle a qualifié le livre de « sensationnaliste » tout en réaffirmant qu'il n'y avait ni sexe, ni drogues aux fêtes organisées par son patron. Étonnamment pourtant, lors de la même entrevue, Mme Ménard avouait ne pas avoir lu un seul paragraphe, ni même un seul mot de cette biographie.

« Laliberté et le Cirque parviennent à contrôler les médias de cette manière depuis des années, m'a confié Choueke. Dès qu'une information négative est sur le point d'être publiée, leurs avocats menacent de vous poursuivre. Jusqu'à maintenant, avec succès. Votre livre est une première parce que vous avez réussi à échapper aux griffes de leurs avocats. »

Je n'ai pas tardé à répliquer. Dans une entrevue accordée à Dany Bouchard, du Journal de Montréal, j'ai déclaré qu'écrire un livre sur Laliberté sans parler de son penchant pour le sexe et la drogue serait comme écrire un livre sur Bob Marley sans dire qu'il fumait de la marijuana. Il est d'ailleurs fort probable que je poursuive

Renée-Claude Ménard et le Cirque pour diffamation. Ses affirmations fausses et diffamantes à mon égard n'étant pas fondées sur le contenu de mon livre.

Une semaine s'est écoulée. Alors que la biographie venait d'être livrée à toutes les librairies du Québec, les avocats de Laliberté ont fait parvenir une mise en demeure à mon éditeur, exigeant que le livre soit retiré des tablettes dans les 24 heures. Dans cette lettre, Guy Laliberté n'affirmait à aucun moment que le livre contenait des informations erronées.

Lorsque la fameuse « Page Six » du New York Post a publié un article intitulé « Le créateur du Cirque du Soleil infidèle », le 28 mai 2009, Laliberté a perdu ses moyens. Un de nos amis communs, qui habite New York, m'a dit qu'il était furieux parce que mon livre commençait à attirer l'attention des médias internationaux. Quelques jours plus tard, la « Page Six » publiait une nouvelle information qui relatait les tentatives de Laliberté d'empêcher mon livre d'être connu du public. Dans cet article, le New York Post le traitait de « racaille adultère ». Notre ami mutuel m'a raconté que « Guy bavait de rage. Il espérait que l'histoire ne sorte pas du Québec, mais là, ça faisait les gros titres des journaux pipoles. Il se devait de réagir. »

Quelques jours plus tard, le Cirque et Laliberté ont fait parvenir une autre mise en demeure, cette fois-ci à un des magazines canadiens les plus respectés, Maclean's, après la parution d'un long article sur Guy Laliberté titré « L'histoire fabuleuse du créateur du Cirque du Soleil ». Le sujet était en couverture. « L'article de Maclean's disait du livre que c'était « l'histoire renversante du plus gros spectacle sur terre et de son fondateur milliardaire ». Selon Esmond Choueke, à partir de ce moment, Laliberté criait vengeance. Ses avocats ont envoyé à Maclean's une lettre bourrée d'affirmations mensongères. Elle affirmait même que ce livre n'avait jamais couvert un spectacle du Cirque, ce qui ne pourrait être plus loin de la vérité puisqu'une grande partie de l'ouvrage est consacrée à la conception de chacun des spectacles sous la direction de Laliberté, et à ce qui se passait en coulisses. Les avocats me qualifiaient également de « colporteur de ragots », occultant le fait que je sois un auteur qui a figuré sur la liste des bestsellers du New York Times et qui s'est vu remettre de nombreuses distinctions depuis le début de sa carrière.

« Tu t'attaques à un gros poisson », m'a prévenu Choueke. Ils n'abandonneront pas tant qu'ils ne t'auront pas détruit. Ils vont publier des choses fausses et diffamatoires à ton sujet. Leurs ressources sont illimitées et ils te garderont en Cour pendant des années. C'est là, malheureusement, la triste réalité. »

C'est sans doute mon éditeur, Pierre Turgeon, qui a le mieux résumé la situation. Il faut savoir que c'est l'un des deux seuls auteurs à s'être vus récompensés à deux reprises du Prix littéraire du Gouverneur général du Canada. Pierre Turgeon a dit que

« s'attaquer à Laliberté et au Cirque c'était comme se mettre dans la peau de David affrontant Goliath. En trente-cinq ans de carrière dans le monde de l'édition, je n'avais jamais rien vu de tel. C'est un livre très positif à son égard. »

Index des noms cités dans l'ouvrage

Sommaire